BIBLIOTHÈQUE ORIGINALE

BÉRANGER
ET SON TEMPS

PAR

JULES JANIN

Frontispice avec portrait à l'eau-forte de Staal

TOME PREMIER

PARIS

CHEZ RENÉ PINCEBOURDE, ÉDITEUR

A LA LIBRAIRIE RICHELIEU

RUE RICHELIEU, 78

MDCCCLXVI

BÉRANGER

ET SON TEMPS

TIRAGE A PETIT NOMBRE :

2 exemplaires sur peau de vélin. . . . .   fr.
20   »   papier de Chine. . . .   10
20   »   »   chamois   6

Chacun de ces exemplaires contient trois épreuves différentes de l'*eau-forte*, et est numéroté.

Châtain Imp.

René Pincebourde, Éditeur

BÉRANGER

ET SON TEMPS

PREMIÈRE PARTIE.

I

Certes, nous pouvions espérer de nos jours, quand Béranger s'est endormi du dernier sommeil, quand sa gloire et sa popularité n'avaient plus à se défendre, et semblaient acceptées pour tout un siècle, que nous n'aurions pas à revenir sur cette mémoire illustre et charmante. Il fut assez longtemps, disions-nous en parlant de ce brave homme, exposé aux injures les plus injustes, pour qu'enfin sa mémoire honorable, honorée, aille en paix dans l'avenir. Hélas ! nous avions oublié ce penchant na-

turel qui pousse les meilleurs esprits à
remettre en question les gloires les mieux
acceptées. C'est la loi de la renommée ;
à peine elle échappe à l'envie, elle tombe
entre les mains de sceptiques. Pour
qu'elle soit vraiment de la gloire, il faut
qu'elle subisse à plusieurs reprises le débat
public; le poëte a très-bien dit, en parlant
de la fortune : « Elle donne ou retire à volonté les couronnes. » Que de colères sincères sa chanson a soulevées de son vivant ! Que d'injures après sa mort ! Et
quoi de plus naturel, lorsqu'on rencontre
autour d'une seule mémoire un si terrible
acharnement, de venir en aide à ce mort
illustre qui ne peut plus se défendre, à ce
mort que nous avons entouré, dans sa vie
et dans ses œuvres, de nos admirations
et de nos louanges ? Si nous n'avons point
partagé toutes ses colères, si nous n'a-
vons point accepté toutes ses vengeances,
si lui-même il fut injuste et sans respect
pour le roi de notre première jeunesse,
aussitôt qu'il eut payé sa peine et qu'il fut
redevenu le poëte heureux et souriant, le

consolateur du grand exil, le Tyrtée inspiré
qui nous consolait des batailles perdues,
Dieu sait que nous l'avons suivi volontiers
dans les chemins qu'il avait tracés, prêtant
une oreille attentive à ses joies, à ses espérances, à ces petits drames qu'il compo-
sait avec tant de zèle, avec tant d'amour.
Voilà pourquoi, rencontrant sur cette
tombe à peine fermée ces nouveaux et
très-sérieux obstacles à cette gloire populaire, nous venons, à cette heure où toutes
gloires sont pesées, au secours de ce charmant esprit, qui, certes, n'a pas besoin de
notre aide et de notre appui.

Tâche heureuse et facile après tout, Béranger le poëte et le sage a pris soin de
nous fournir toutes sortes de preuves in-
contestables de la probité de sa vie et de la
sincérité de son œuvre. On eût dit qu'il pré-
voyait, au plus fort de sa gloire et de sa toute-
puissance, une réaction inévitable, et nous
l'avons entendu souvent qui disait : « J'ai
plus de renommée, à coup sûr, qu'il ne
m'en revient ; malgré moi j'ai fait trop de
bruit dans ma vie ; on m'a porté trop

haut, il faudra bien qu'on en revienne. »
Il disait cela en parlant de sa gloire, il ne
l'eût pas dit en parlant de sa bonne renommée. Il était, avant tout, un honnête homme,
il tenait à son propre honneur ; c'était le
seul côté qui le trouvât sensible et même
irritable. Il ne comprenait pas qu'après
avoir donné tant de gages de sa modestie
et de sa modération on pût encore les
mettre en doute ; et comme il était de
bonne foi avec tout le monde, il lui semblait, s'il acceptait volontiers contre lui
toutes les armes de la colère, qu'il avait
bien le droit d'exiger que ces colères se
maintinssent dans les bornes strictes de la
justice et de la vérité.

Il a donc laissé en quelques pages simples et correctes, comme avaient été ses
plus heureuses journées, l'histoire de sa
vie ; et s'il nous fallait emprunter quelques
paroles considérables pour bien expliquer
les pages touchantes qu'il a consacrées à
ses propres souvenirs, nous n'en saurions
trouver de meilleures et de plus convena-
bles que ce passage emprunté au *Traité de*

la Vieillesse : « On n'avait pas à redouter qu'un pareil homme, en parlant de lui-même, dépassât jamais les bornes les plus étroites de la modération (1). »

Rien de plus simple, en effet, que cette auto-biographie ; on y retrouve à chaque instant le mouvement paisible d'un cœur tendre, honnête et dévoué, tout rempli des meilleurs sentiments. « Mes chansons, c'est moi ! » disait ce bel esprit, populaire à tous les titres du talent, de la probité et du bon sens.

Il aurait pu ajouter qu'il était, lui-même, la part la meilleure, la plus calme et la plus aimable de ses chansons. Tout ce qu'elles ont d'honnête et d'amoureux, de libre et de charmant, venait de lui seul ; ce qu'elles contiennent parfois de menaces, d'irritation, de vengeance et de colères inexplicables, venait de l'époque agitée et du milieu agressif dans lequel il a vécu. Il avait, naturellement, l'âme de la probité même, une âme heureuse de cette

(1) *Ne vera de se prædicans, nimis videretur aut indolens, aut loquax.* (Cic.)

sagesse vraie et naturelle qui brille à tout propos et ne se repose jamais, tant qu'elle peut apporter une espérance aux honnêtes gens, une consolation aux affligés, un remords salutaire aux coupables, un châtiment aux réprouvés. Cet homme excellent, modeste et généreux, qui, par don de nature et tout simplement parce qu'il était né poëte, commandait en maître à la rime, au sens poétique, au drame ingénieux de ses couplets, écrivait d'un style aisé, qui nous charme. On dirait de lui bien volontiers ce que M. Thomas disait de Corneille : *qu'il avait la double précision d'une âme droite et d'un esprit juste.* « Qu'est-ce que l'histoire d'un homme qui n'a été rien, dans un siècle où tant de gens ont été ou se sont crus quelque chose ? » disais-je à mes amis lorsqu'ils m'invitaient à parler de moi-même, et mes amis me répondaient : « Votre biographie, écrite par vous, peut devenir le meilleur commentaire de vos chansons. » C'était mieux qu'un bel esprit, c'était un bon esprit, habile à se réduire, et qui ne disait rien de trop. «Rien

de trop est un point ! » disait le fabuliste ;
disant cela, il parlait en grand artiste.
« Rien de trop est un point ! » disait Béranger. Quand il parle ainsi, il parle en
moraliste et dans l'accent même du galant
homme. Il était semblable à ce célèbre
magistrat du siècle de Louis XIV, qui disait, toutes les fois que le roi l'appelait à
Versailles : « A moi, prudence ! » ou, pour
mieux dire, il était, naturellement, plein
de réserve et de prudence ; il dédaignait
le paradoxe à l'égal de l'emphase ; il recherchait, avant tout autre rôle, le rôle de
spectateur, *convenable à son caractère ;* il
serait mort de honte s'il eût été forcé de
se tailler de sa main, sans vergogne, un
piédestal à sa propre gloire.

« J'ai vu de près le pouvoir, disait-il, je
n'ai fait que le regarder en passant, comme,
dans ma jeunesse indigente, devant un tapis
vert chargé d'or, je m'amusais à observer les
chances du jeu, sans porter envie à ceux qui
tenaient les cartes. Il n'y avait, de ma part, ni
dédain ni sagesse à cela : j'obéissais à mon humeur. Les réflexions qui viendront se mêler à

mes narrations se sentiront du terre-à-terre de l'existence qui m'a plu. Aux grands hommes les grandes choses et les grands récits! Ceci n'est que l'histoire d'un faiseur de chansons (1)! »

Pourtant, ce *faiseur de chansons*, mêlé à de si grands événements et les racontant à ses amis, ne dit pas une parole offensive. Il va célébrer les honnêtes gens, de toute sa force et de tout son cœur; mais s'il rencontre en son chemin un traître, un lâche, un meurtrier, un menteur, un biographe en carte, il s'en éloigne en silence. Il aurait peur d'être impitoyable! Il aurait honte d'être cruel! On dirait, à l'entendre, qu'il avait toujours présente à l'esprit cette parole ingénieuse et juste d'un esprit de sa famille : « Quand vous entendrez un homme, quel qu'il soit, s'applaudissant et se payant par ses mains, dites hardi-

(1) *A M. Guizot :* « Excusez la liberté que je prends de vous recommander la veuve et les enfants d'Émile Debraux... C'était un chansonnier. Vous êtes trop poli pour me demander à présent ce que c'est qu'un chansonnier, et je n'en suis pas fâché, car je serais embarrassé de vous répondre... »

ment que c'est un sot. » Certes, le ton parfait des *Souvenirs* de Béranger, ce naturel exquis, cette vérité souriante, cette aimable et chère parole qui dit toute chose, et qui dit tant de choses au gré de nos désirs ; enfin

.   .   .   .   .   . Cet heureux art
Qui cache ce qu'il est et ressemble au hasard,

nous ont tout d'abord causé une grande surprise. Ingrats que nous étions ! nous avions oublié la touchante préface écrite en 1833, dans laquelle il explique à son *ami* le lecteur comment chacune de ses chansons était un effort pénible (1) de sa pensée. Il est, disait-il dans cette préface, un enfant du peuple, il en a vu de près toutes les misères; il les sait par expérience, et ceux qui l'accuseraient de manquer d'entrain, de gaieté, de bonne humeur, ne savent pas

---

(1) S'attacher à son œuvre, l'achever, la parfaire, c'est un moyen de s'attacher à la vie. Presque tous les bons ouvriers vivent longtemps, parce qu'ils accomplissent une loi de la Providence. (*Lettres de Béranger.*)

tout ce qu'il a souffert. — Toutefois, il
était d'assez bonne race ; il y a même
dans sa famille une véritable généalogie
historique et héraldique *de la maison* de
Béranger. On vous en dit les *armes :* 1° d'a-
zur à la croix d'argent ; 2° de gueules à
trois losanges d'or ; 3° d'azur à la croix
d'argent, ayant sur le tout un écusson de
gueules à trois losanges d'or. » Il y en a
comme cela dix grandes pages, ascendants
et descendants, agnats et cognats, jusqu'au
douzième degré, jusqu'à ce que l'on arrive
enfin au contrat de mariage de Jean-Fran-
çois *de* Béranger avec Marie-Jeanne
Champy, fille de Pierre Champy, maître
tailleur. Là s'arrêtait cette noblesse, ou
plutôt là elle commence avec tant d'orgueil, que le dernier descendant de tous
ces gentilshommes s'écriait, aux applaudis-
sements de la France entière : « Je suis vilain, vilain, je suis vilain (1) ! »

(1) Un moins grand poëte, mais un plus grand
seigneur que Béranger, le grand Frédéric, se fit apporter, quelques jours avant la publication de ses
mémoires, la table généalogique de la maison de

« Utile et sage leçon que nos malheureux bourgeois anoblis de leur propre main feraient bien de mettre à profit. Noble ou vilain, ce jeune enfant fut le bienvenu de son grand-père le tailleur, qu'il a si bien chanté. Son père absent, sa mère occupée à son petit négoce (elle était marchande de modes), il fut confié à une nourrice de la Bourgogne, qui, faute de lait, le nourrit de soupe au vin. Donc ce n'est pas la faute de la bonne nourrice si le chansonnier n'a pas été grand buveur. — Voyez l'hypocrite, disent les sages et les prudents, il a si bien chanté l'ivresse, et ce n'est qu'un buveur d'eau ! — Voyez le charlatan, disaient les ivrognes, il n'a jamais bu que de la piquette ! — Quel enfant mal élevé, ajoutaient les gens du monde, il apprit à lire dans les romans de l'abbé Prévost et dans les œuvres dépareillées de Voltaire !... Cependant il fut envoyé à l'école, et dans cette humble école, il ren-

Brandebourg-*Hohenzollern*. Le roi prit une plume avec vivacité et effaça les trois quarts des noms dont le généalogiste avait enflé la table.

contre, ô présage ! un petit vieillard appelé Favart, Favart le chansonnier, le mari
de cette piquante Mme Favart qui jouait
si bien la comédie à l'armée de M. le maréchal de Saxe. Un soir, sous la tente, elle
avait joué *la Chercheuse d'esprit.* Rappelée
à grands cris, elle vint sur le devant
du théâtre en faisant trois beaux saluts :
« Messieurs, dit-elle à ces brillants capitaines, demain nous ferons relâche à cause
de la bataille ; après-demain nous jouerons
le Coq du village et *la Victoire est à nous !...*»
Le lendemain, en effet, le maréchal de
Saxe gagnait la bataille de Fontenoy.
Voilà comment tout de suite, et sans le
savoir, Béranger, par ce vieux petit Favart, touchait à la chanson. Bientôt son
éducation fut interrompue, et, faute d'argent,
M. *de* Béranger, son père, l'envoya en Pi-
cardie, à Péronne, à une bonne tante qui
tenait la petite auberge de *l'Épée royale.* Il
arrive, il voit sa tante et lui remet la lettre
de son père. « En ce temps-là, dit-il, j'é-
tais un joli enfant tout bouclé ; j'ai bien
changé depuis ! » D'abord, la tante hé-

site, et puis, tout d'un coup, elle ouvre à ce bel enfant ses bras maternels. — « Ah! pauvre enfant! pauvre enfant! » fut tout ce qu'elle put dire. Or cette femme était la femme forte; elle éleva l'enfant par l'exemple ; elle lui apprit de bonne heure à respecter les malheureux, à honorer les vieillards, à croire en Dieu (1). Si donc, par malheur, des proscrits de 1793 passaient devant la petite auberge, entraînés à l'échafaud : « Mon fils, disait-elle, saluez ces honnêtes gens. » Un peu plus tard, quand les armées coalisées traversèrent Péronne : « Enfant, disait la bonne femme, ayez souvenance de ces hommes qui passent,

(1) *A M. Bernard :*

« 16 février 1839.

« Vous avez raison d'ôter votre bonnet devant Dieu. Il y a longtemps que vous m'avez entendu professer mes croyances; j'y ai trouvé du repos et des consolations dans ma vie, passablement agitée ; aujourd'hui j'y puise les espérances qui me font prendre la vieillesse en patience. Mais faites comme moi, ne confondez jamais Dieu et les portraits que les fous et les charlatans nous en font ; vous finiriez par en avoir peur. »

pour renverser nos libertés. » Il y avait dans
Péronne un vieux prêtre, un proscrit, qui
se cachait pour dire sa messe ; la bonne
dame exigea que l'enfant servît la messe
du vieillard. Un autre jour, le tonnerre en-
veloppa de ses feux cette jeune tête, et sa
bonne parente accourut encore à son secours. Que dites-vous de ce tonnerre ? On
l'eût tourné dans l'antiquité, en gloire, en
présage, en auréole. — *Tête par Dieu tou-
chée !*

Dans l'auberge de sa tante, le petit Béranger aida quelque temps la bonne femme ;
il allait, il venait çà et là, servant la prati-
que, honteux, non pas, mais triste. Il ne
se plaisait guère à ces bruits, même à ces
chansons. S'il a chanté plus tard le cabaret de Mᵐᵉ Grégoire, ce n'est pas, certes,
par reconnaissance et par souvenir. Aussitôt qu'il eut l'âge de raison, il voulut apprendre un métier. On le mit chez un orfévre, et l'orfévre lui parla de ses amours.
Il fut, plus tard, saute-ruisseau d'un notaire, et le notaire le conduisit au club de
Péronne, un club enthousiaste et bon en-

fant, à ce point que tous ces clubistes exécraient la peine de mort. Un peu plus tard, il devint un des apprentis de M. Laisnez, imprimeur-libraire, et le voilà compositeur d'imprimerie. Heureuse et poétique profession, la main travaille et la tête en même temps; l'idée apparaît, peu à peu, sous vos mains diligentes. L'ouvrier imprimeur s'intéresse avant tout le monde au rapide enfantement de ce livre à peine éclos. Il est le premier confident de ces beaux rêves, de ces romans, de ces histoires, de ces amours. Pendant ces deux années bien occupées, le jeune homme apprit l'orthographe; il devina le rhythme sonore des beaux vers. Il aimait vraiment ce métier, disons mieux, cet art de l'imprimerie, et, sans nul doute, il y fût resté fidèle, si M. de Béranger, son père, ne fût pas venu le reprendre à Péronne, et ne l'eût ramené à Paris, où lui-même, le père, était une façon de banquier. C'était l'heure où les assignats tombaient dans le mépris universel, une des grandes heures de l'agiotage, et si le père était content d'échanger ses mauvais papiers contre un peu d'or, le fils ne se plaisait guère à ces négoces, qui devaient aboutir à une banqueroute universelle.

Il n'aimait pas l'argent, il ne l'a jamais aimé. Ces sauts et ces soubresauts de la fortune publique lui faisaient peur : il pressentait la catastrophe. Elle vint bien vite, et M. de Béranger le père voulut en vain tenir tête à l'orage. Il fut vaincu par une de ces révolutions de vingt-quatre heures qui faisaient et qui défaisaient tant de fortunes. Voilà donc notre banque à vau-l'eau ; voilà donc les créanciers, les recors, la misère, la prison, la nécessité. — « Quel malheur ! disait M. de Béranger, ma fortune est perdue ! » Et il se lamentait. — « Quel bonheur ! disait son fils, me voilà libre et pauvre ! » Il se promenait en rêveur dans les prés de Saint-Gervais, dans les bois de Romainville, au bois de Boulogne, au bois de Vincennes. Belles heures ! chers moments ! Le mois de mai a tant de puissance et d'autorité sur les jeunes âmes ! Ces premiers printemps y laissent les plus

doux parfums, les plus innocents souvenirs. Cependant, M. de Béranger, pour
vivre, avait établi rue Saint-Nicaise un cabinet de lecture, une de ces odieuses bou-
tiques ouvertes aux oisifs, qui s'y viennent
empiffrer de tout ce qu'il y a de plus indi-
geste et de plus nauséabond dans la litté-
rature de chaque jour. Tout autre jeune
homme, en ce mauvais lieu, peu lettré, se
fût perdu par la lecture; eh bien (tel était
le bon sens, et telle était l'intelligence du
futur chansonnier de la France....); il se
sauva des mauvais romans et des mauvais
journaux qui se lisaient chez monsieur son
père, et de tous ces livres perdus il ne lut que
les fables de La Fontaine. Un soir, comme
il rentrait dans cette rue Saint-Nicaise, il
entendit un coup de tonnerre épouvanta-
ble... la terre chancelait sous ses pas, il
crut que le monde allait crouler... C'était
bien cela, ou peu s'en faut : c'était *la machine
infernale* qui venait d'éclater. Un pas de
moins, c'en était fait du génie et de la volonté du premier consul ; un pas de plus,
c'en était fait de la poésie et des inspira-

2

tions du premier poëte français qui ait
chanté dans une langue énergique et touchante l'exil et les malheurs de l'Empereur!

Dans l'intervalle (on vivait si vite en ces
jours où le chaos disait son dernier mot!)
le jeune homme avait déjà senti fermenter
dans son âme à peine ouverte le premier
levain poétique. Il commença comme Horace a commencé, par la satire. Il se moquait de Barras, il riait du Directoire;
un secret instinct lui disait que ces lâches
pouvoirs étaient sans durée; en même
temps il célébrait, en prose, il est vrai, le
vainqueur d'Arcole et de Lodi; il s'inquié-
tait de l'Égypte et de l'Orient; il a salué
même le 18 brumaire, « et si l'on me demande pourquoi, je répondrai naïvement
qu'en moi le patriotisme a toujours dominé
les doctrines politiques. » Ceci est écrit
mot pour mot dans sa biographie. Il aimait
la gloire, en ce temps-là, un peu plus
qu'il n'aimait la liberté; il se plaisait au
bruit lointain de la bataille; il eût voulu
partir pour l'Égypte. Il était presque un
soldat, il était déjà un poëte. Il se plaisait,

en vrai poëte, dans la solitude et dans l'isolement ; il habitait une mansarde (1), le *Grenier où l'on est si bien à vingt ans.* Il avait déjà quelques amis qui lui sont restés fidèles jusqu'à leur mort, jusqu'à sa mort : Antier, son cher ami de toute la vie, et grand faiseur de vaudevilles ; Wilhem, la fondateur de l'Orphéon (2). Ils furent deux amis tout de suite, Wilhem et Béranger ; ils se rencontrèrent dans la même ambition, ils accomplirent en même temps le même rêve. Inconnus l'un et l'autre, et pauvres, ils voyaient déjà se lever dans le lointain le jour charmant où la musique et la chanson, abondantes comme

(1) « Je vais me loger au bout de la terre, rue de Bellefond, près de Montmartre, au milieu d'un vaste jardin ; des promenades solitaires, de l'ombrage, une belle vue, on n'est pas malheureux. » (*Lettre à M. Quénescourt,* 16 juin 1809.)

(2) Voici le titre des principales poésies de Béranger adoptées par le chœur universel : *l'Orphéon ;* — *les Hirondelles ;* — *Brennus ;* — *le Commencement du voyage ;* — *Trinquons ;* — *la Sainte-Alliance des peuples ;* — *le Chant du Cosaque ;* — *les Champs ;* — *le Vieux drapeau ;* — *le Roi d'Yvetot.*

l'eau des fontaines, iraient d'un bout de la France à l'autre, attirant à leur mélodie, à leur conseil, les jeunes esprits, les jeunes âmes, les jeunes courages. Du haut de leur mansarde et du sein de leur pauvreté, ce poëte et ce musicien, si bien faits l'un pour l'autre, appelaient à leurs leçons la sympathie et l'amour de la foule. Ils n'auront jamais assez de disciples, assez d'enfants, assez d'échos. — Nous serons, disaient-ils pleins d'un noble orgueil, les amis du peuple, et dans son travail, dans ses jours de loisir, dans ses fêtes, dans ses deuils, dans ses regrets, dans ses douleurs, nous lui apprendrons comment on aime et comme on espère ; par quelles vertus la vie est facile, et par quels sentiers il faut marcher pour arriver au calme, à la force, aux convictions généreuses. « La chanson, disait Béranger ; la musique et la chanson, disait Wilhem, deux vaillantes sœurs, deux sœurs jumelles, ne les séparons pas (1). »

(1) *Béranger à Chateaubriand* : « J'ai voulu transporter la poésie dans les carrefours ; j'ai été conduit à la chercher jusque dans le ruisseau : qui dit chanson-

Quand il parlait ainsi, Béranger en était réduit à mettre au mont-de-piété sa montre d'or, à raccommoder sa redingote râpée, à mettre une pièce au genou de son pantalon, à cirer (1) ses bottes percées, et lorsqu'enfin Lucien Bonaparte vint en aide à cet humble génie, il était temps que la Providence intervînt.

Lucien Bonaparte était un bel esprit très-droit, plein de justice, obéissant à ce

---

nier dit chiffonnier. Doit-on être étonné que ma pauvre muse n'ait pas toujours une tunique d'une entière blancheur? Le moraliste des rues doit attraper plus d'une éclaboussure. »

(1) « Quant à nous, je vous le répète, nous sommes suffisamment bien dans notre nouveau gîte. Le froid, qui pince assez vivement depuis quelques jours, ne nous y est pas insupportable. Je n'ai jamais été habitué à mieux ni même à aussi bien. Quand on a vécu jusqu'à quarante-deux ans dans une chambre sans feu, n'ayant, l'hiver, que de l'eau glacée pour se débarbouiller, une mauvaise couverture sur son lit, et souvent des bottes percées pour courir la rue, on peut s'arranger de bien des positions. Aujourd'hui je trouve que rien ne manque, et souvent je rougis à part moi en pensant à bien des gens qui valent mieux que moi. » (Lettres, Tours, 10 janvier 1840.)

grand conseil du poëte athénien : *O rois,
honorez les poëtes !* En sa qualité de lettré,
il aimait les lettres et les beaux-arts ; Béranger fut bien inspiré quand il s'adressa
à ce galant homme. Au bout de trois jours,
il reçut une réponse à sa lettre, à ses
vers. Lucien Bonaparte voulait le voir, et
voilà le jeune poëte, honorablement vêtu
d'un hàbit d'emprunt, qui obéit au rendez-
vous de ce frère (à demi révolté) du premier consul. Il fut reçu très-simplement
par cet admirateur de l'abbé Delille. Lucien
lui donna quelques éloges et plusieurs conseils ; il fit mieux : comme il venait d'être
nommé membre de l'Institut, il abandon-
nait à ce jeune homme inconnu son traite-
ment de l'Institut. C'était presque une fortune, et cette fortune était une restitution.
Quoi de plus injuste, en effet, qu'un grand
seigneur, lorsque déjà il tient la place et
le rang d'un véritable écrivain, jette au
fond de ses coffres cette faible somme qui
aiderait à vivre l'historien à sa première
histoire, ou le poëte à son dernier poëme ?
Il y a dans cette façon d'agir une cruauté

qui ne s'explique guère, et dont les sei-
gneurs de l'Académie ont le grand tort de
ne pas s'inquiéter assez. Bien peu ont suivi
l'exemple de Lucien Bonaparte, membre
de l'Institut, dotant de cette somme assez
peu gagnée un de ses frères en Apollon.
Seul, à l'exemple de Lucien Bonaparte,
M. le duc Matthieu de Montmorency, à
peine entré à l'Académie, eut le grand
soin de trouver un poëte qui l'affranchît
d'une part de son remords.

Grâce à cette fortune inespérée, il ad-
vint que le jeune homme eut un peu de
loisir. Il cherchait sa voie, il ne l'avait pas
trouvée ; il rêvait les honneurs du poëme
épique ; il eût entrepris au besoin... une
tragédie ! Il hésitait ; des fables de La Fontaine il avait passé à l'*Iliade*, à l'*Odyssée*,
et même il avait lu, chose étrange en ce
temps-là surtout, les comédies d'Aristophane (1). « Il me semble, dit-il, qu'Aris-

(1) Jamais, hélas ! d'une noble harmonie
L'antiquité ne m'apprit les secrets.
L'instruction, nourrice du génie,
De son lait pur ne m'abreuva jamais.

tophane est jugé bien légèrement chez
nous. » C'est bien dit : Aristophane, le
grand prêtre de l'ironie, un Dieu chez les
Grecs, insúlté chez nous, on reste étonné
vraiment de le rencontrer dans cette auto-
biographie, et l'on se demande si Béranger est resté aussi étranger qu'il le prétend
lui-même à l'étude, à l'admiration des anciens!. Certes, lorsqu'aux premiers jours
de l'Empire il lisait *les Guêpes, les Oiseaux,
les Nuées, les Chevaliers,* toutes ces mer-
veilles, ce jeune homme ne se doutait pas
qu'il était en ce moment le plus habile et
le plus studieux des poëtes de son temps.
Lorsqu'il lisait ces miracles de la comédie
et du bon sens de la cité de Minervé, on
l'eût beaucoup étonné en lui disant qu'il
donnait un démenti formel au fameux
M. de la Harpe, insulteur d'Aristophane,
un démenti formel à toutes les comédies

> Que demander à qui n'eut point de maître?
> Du malheur seul les leçons m'ont formé,
> Et les épis que mon printemps voit naître
> Sont ceux d'un champ où rien ne fut semé.

(*Lettres*, t. I, p. 187.)

de l'Empire. En paraissant devant Lucien Bonaparte, Béranger avait honte, nous dit-il, de ne pas savoir le latin; il en savait beaucoup plus que M. de Jouy, que M. Étienne, et tout autant que M. Arnault, les maîtres de cette époque assez peu lettrée. S'il ne savait pas les langues anciennes, il en avait le pressentiment, il en écoutait l'écho lointain, il en devinait le génie, il se tenait à la porte du temple en criant : Ouvrez-moi! Il faisait mieux, il lisait Homère, il lisait Aristophane à l'heure où la France entière, à l'exemple du maître absolu, se passionnait pour *les Véni-tiens* de M. Arnault, pour l'*Hector* de Luce de Lancival, pour *les Héritiers* de M. Duval, surtout pour *les Poëmes et les Fascinations d'Ossian, fils de Fingal.* Ce sont là vos miracles, poëtes d'Athènes et de Rome; il n'y a que vous, ô génies, pour opérer ces grandes conversions. Les grands esprits, même incultes, vous devinent et vous comprennent; vous êtes la lumière, il n'y a que les aveugles qui ne voient pas le soleil!

II

Nous voudrions ici expliquer le mérite et le talent de Béranger, pour donner une idée approchante de l'état misérable, honteux et puéril, dans lequel il a trouvé la chanson française ; on verrait que cet homme est un inventeur ; sa chanson lui appartient ; il l'a faite. Avant lui, rien n'existait qui fût semblable à cette intime émotion, à ce profond sentiment des grandes misères de la patrie, à cet instinct presque surnaturel de l'avenir et voisin de la divination. Sans doute on chantait en France, et depuis le commencement des siècles, mais c'était presque toujours la même chanson, sur l'air connu : *Vive le vin, vive l'amour.* C'était toujours le même accouplement de l'amour et de la mort, de l'ivresse et de *la barque à Caron.* Mais les grandes douleurs, les grandes pitiés, nos soldats vaincus, nos villes ravagées, nos libertés envahies, ce peuple éperdu, de-

mandant grâce et merci, ces fanatiques
châtiés dans un couplet sans pitié qui va
de bouche en bouche, honorant le brave
homme et déshonorant le coquin; mais
ces passions si vraies, ces petits drames ar-
rangés avec tant d'art et tant de goût,
cette façon piquante d'écrire au jour le
jour l'histoire contemporaine et de donner
à chacun sa place méritée, il n'y a que
Béranger qui ait eu ce grand art de tout
dire avec justice et de tout oser avec bonheur. Ne craignez pas que je veuille en-
treprendre ici l'histoire de la chanson, ce
serait une trop longue histoire; elle remonte aux temps les plus anciens (1). Je
veux seulement rechercher quelle était l'espèce de chanson que Béranger devait faire
oublier. Ouvrez, s'il vous plaît, tous les
recueils de la fin du XVIIIe siècle et des
premiers jours du siècle de Béranger :

(1) La première chanson fut chantée par les
soldats de Charlemagne, et la voici :

Mille, mille, mille, mille, mille, mille decollavimus,
Unus homo, mille, mille, mille, mille decollavimus :
Mille, mille, mille vivat qui mille, mille occidit :
Tantum vini habet nemo quantum fudit sanguinis.

l'Almanach chantant, *l'Ami des belles*, *le Répertoire des amants*, *le Précepteur d'amour*, *Les Étrennes de l'amour*, *les Caprices*, *les Révolutions amoureuses*, *les Bouquets de l'amour*, *le Messager d'amour*, *l'Almanach du sort*, *les Amours en pantoufles*, *la Corbeille galante*, *les Oracles*, *Étrennes à ma maîtresse*, *Étrennes au beau sexe*. Quoi encore ? *la Rosée de Cythère*, *le Plaisir de la toilette*, *la Galanterie sans apprêt*, *le Goût de tout le monde*. Vous trouverez, dans ces recueils *chantants* qui représentaient toute la chanson française, des bouts-rimés sans style et sans goût, des fantaisies misérables, dont chacune a son explication en vile prose : *A mon tailleur, à l'occasion des louanges que mon habit m'avait attirées de la part d'une dame de Saint-Pétersbourg.* — *Couplets chantés par un jeune homme de quatorze ans à sa marraine qui lui avait fait présent d'une montre.* — *A madame de B..., en lui donnant une tasse sur laquelle est un chien avec cette inscription :* FIDÉLITÉ. — *A la belle Athénaïs, en lui donnant une houlette ornée de rubans par sa mère.*

Il y avait, dans ces tristes recueils dont nos pères faisaient leurs délices, la *chanson bachique*, et la romance anacréontique, et la romance anecdotique ; à chaque instant vous rencontriez *les Délires, les Martyres, les Thémires*, et toute sorte de métaphores semblables à celle-ci : « L'aube aimable du jour... L'âme a senti ses ailes... le couchant de tes beautés, la conquête d'une âme, le sentiment qui renaît aux pleurs de la pitié ; l'âme écartant le terrestre bandeau qui allume le flambeau de Prométhée ; le dieu des sens qui s'unit à l'âme et rend au cœur ce charme qu'il en tire. » O chansons des vieux boudoirs !... C'étaient une averse, un déluge, et chaque année amenait avec elle un millier de chansons : *les Tablettes de Flore ; — l'Amusement de la jeunesse ; — la Rosée de Cythère ; — le Tribut du cœur ; — l'Almanach du cœur ; — Portefeuille des amants ; — les Plaisirs de la toilette ; — l'Ami des belles ; — le Plaisir de la société ; — la Galanterie sans apprêt ; — le Répertoire des amants.*

Il en venait de toutes les rues de Paris,

de ses montagnes, de ses carrefours ; il en venait de toutes les villes de la province, de toutes les académies, de toutes les tabagies, de toutes les écoles, de tous les almanachs. Mais les uns et les autres, ils avaient beau s'égosiller et chanter en chœur :

> Réveillez-vous Suzette,
> Réveillez-vous, belle Iris,
> Aminte, Églé, Rosette,
> Flore, Aspasie et Doris ;
> Eh ! flon, flon, flon, etc.

Suzette était morte, Rosette ne battait que d'une aile, Églé se faisait vieille, Doris était dévote, Aminte était un bas-bleu. Pas un couplet, dans ce millier de chansons, même le plus graveleux, ne survivait à la circonstance, et si quelque oisif les lisait par hasard, pas un ne prenait la peine de les chanter. Ceux qui chantaient encore s'en tenaient aux couplets d'autrefois :

> Il pleut, il pleut, bergère,
> Chasse tes blancs moutons...

Quelques-uns avaient conservé dans leur mémoire fidèle la chanson de Duclos à sa maîtresse, laquelle maîtresse était, comme on sait, la première venue :

> Hâte-toi, diligente Aurore,
> De tirer les rideaux du jour ;
> Mes vœux à l'objet que j'adore
> Veulent aller faire leur cour.

ou la chanson de Malherbe et de Racan à la duchesse de Bellegarde :

> Qu'autres que vous soient désirées,
> Qu'autres que vous soient adorées,
> Cela se peut facilement.
> Mais qu'il soit des beautés pareilles
> A vous, merveille des merveilles,
> Cela ne se peut nullement.

Plus d'un gentilhomme d'autrefois fredonnait la jolie chanson de Lefranc de Pompignan à la jeune Églé :

> Ton cœur, outré de mes caprices,
> Contre mes folles injustices
> A dû cent fois se courroucer :
> Mes pleurs, mes soupirs, mes alarmes

Ne valent pas une des larmes
Qu'à tes beaux yeux j'ai fait verser.

D'autres s'en tenaient à la chanson d'Henri IV à la belle Gabrielle :

Viens, Aurore,
Je t'implore...

Mais ceux-là étaient les gens de goût. Le vulgaire et la foule, amis des joies faciles et des joies anciennes, chantaient tout simplement les chansons des chansonniers patentés : Dorat, Pezay, Chaulieu, Bernard, Bertin, Parny, Chapelle, Imbert, Florian, Léonard, Quinault, Piron, Collé, Favart.

Sans remonter si haut, et en nous tenant aux fondateurs des *Dîners du Vaudeville* ou du Caveau, « la seule Académie à laquelle j'ai voulu appartenir, disait Béranger, et qui m'accueillit avec tant de bienveillance et de gaieté, » essayez de vous rappeler une seule des chansons que rimaient les chansonniers célèbres de 1806. Nous savons encore leurs noms ; mais un seul couplet sorti de leur veine abondante, on aurait peine à le retrouver dans la mémoire ingrate du peuple français. Si bien que Béranger pouvait dire à bon droit : « La chanson, c'est moi ! » A peine il eut chanté, soudain il s'empara du domaine entier de la chanson, ces domaines envahis naguère par tous les chansonniers que voici : Barré, Radet, Desfontaines, Piis, Deschamps, Desprez, Bourgueil, Le Prevôt d'Iray, Demontor, Despréaux, Chéron, Léger, Boissière, Mosnier, Chambon, Philipon de la Madeleine, Emmanuel Dupaty, Alissan de Chazet, Goulard, Dieulafoy, Laujon, Armand Gouffé, Maurice Séguier, Capelle, Antignac, Brazier, Laujon, Ducray-Duminil, Cadet-Gassicourt (Charles Sartrouville), Grimod de la Reynière, le docteur Marie de Saint-Ursin (fondateur de l'*Almanach des Gourmands*), Lonchamp, Jarry, Rougemont, Eusèbe Salverte, Genty, Reveillière, Ourry, Tournay, Ceripat, Jacquelot, Théaulon, Frédéric de Courcy, Justin Cabassol, Martainville, Jouslin de la Salle, Armand Dartois, Carmouche, Félix du Saulchoy, Jacinthe Le-

clerc, et tant d'autres de la même et poétique célébrité.

Et non-seulement Béranger, le nouveau
venu, s'empara de leurs domaines, mais il
leur emprunta, pour ne plus les rendre à
personne, les airs favoris de l'ancienne
chanson, les vieux *timbres*, sur lesquels
tous les poëtes avaient chanté avant lui
le vin, l'amour et les belles.

Désormais personne après lui n'a su mettre en œuvre ces refrains populaires que
l'écho même eût oubliés sans Béranger :
*Malbroug ; — Mon père était pot ; — la Fan-
fare de Saint-Cloud ; — Allez-vous-en, gens
de la noce ; — Aussitôt que la lumière ; — Il
est pris ; — la Bordelaise ; — Eh! gai! gai!
gai! — Une fille est un oiseau ; — Lon la
landerirette ; — Guillot trouva Lisette ; —
J'ons un curé patriote ; — les Visitandines ;
— le Petit mot, mon cousin ; — Vive le vin!
— Amis de la belle nature ; — Il pleut, ber-
gère ; — Dans les gardes françaises ; — la
Bonne aventure ; — O ma tendre musette! —
Eh! allez donc, gais violons ; — le Curé de
Pomponne ; — Ce mouchoir, belle Raymonde ;*

— *Vivent les fillettes!* — *Cahin caha;* — *Et zon, zon, zon;* — *Eh! bon, bon;* — *Ma Fleurette;* — *Allons aux Prés Saint-Gervais;* — *Souvenez-vous-en;* — *Rions, chantons;* — *Je l'ai planté, je l'ai vu naître;* — *Quoi! ma voisine est fâchée!* — *la Bourbonnaise;* — *C'est ce qui me console;* — *la Chaumière;* — *Nous n'avons qu'un temps;* — *Turlu-rette;* — *Ran tanplan tire lire;* — *Et lire lan la!* autant de gais refrains de la gaieté d'autrefois que notre poëte a sauvés!

Pourtant ne soyons pas ingrats envers ces aimables contemporains du poëte : au milieu des plus tristes années de notre his-toire, ils n'avaient pas désespéré de la gaieté française; au fond de l'abîme, ils chantaient encore d'amoureuses chansons. A peine apparut, dans le ciel rasséréné, un calme rayon de soleil printanier, soudain la France, étonnée et ravie, entendit le mur-mure et le refrain de la bonne humeur de nos batailles, de nos amours. Même au pied des échafauds, au milieu des bruits de la guerre, au fracas des villes qui tombent et des empires qui s'écroulent, ces aimables

héritiers de la verve et du bel esprit de
nos pères firent entendre des paroles de
consolation et d'espérance.

Aux vieillards, ils rappelaient leur jeunesse ; ils suffisaient aux passions du jeune
homme ; et, d'ailleurs, les temps étaient
sérieux ; l'heure était solennelle, l'univers
était en feu ; le monde, attentif aux grandes
victoires, aux défaites illustres, restait muet
et ne chantait plus. Allez donc chanter, à
la veille de Marengo, le petit couplet que
voici :

> On dit que notre premier père
> Pour une pomme s'est perdu ;
> Mais ton joli corset, ma chère,
> Porte encor du fruit défendu.

Vous vous seriez déshonoré. La chanson
française, à cette heure de notre histoire,
est toute semblable à ce fameux abbé de
Lattaignant, qui, lui aussi, fut un chansonnier célèbre, digne émule du cheva-
lier de Cubières et de M. Collé. Un jour
que deux voyageurs, deux gentilshommes
de Versailles, passaient par Reims, après

avoir visité toutes les curiosités de la ville, ils voulurent voir comment était fait M. l'abbé de Lattaignant, chanoine de la cathédrale. On leur indique, en riant, ce logis d'Anacréon ; ils entrent, et, dans la salle à manger, ils trouvent nombreuse compagnie. On était au dessert, entre la poire et le fromage, un moment dangereux. Justement l'abbé chantait une chanson grivoise, et les convives chantaient en chœur ce refrain spirituel, qui n'avait rien d'édifiant :

Chantons tous l'aimable *Lolotte*,
Qui n'est ni grande ni *ragotte*,
Fille ni vieille ni marmotte,
Mais jouissante de ses droits,
Qui d'epouser n'est pas si sotte,
Crainte de faire un mauvais choix.

Sage sans faire la dévote,
Modeste sans être bigote,
Bien loin qu'elle soit idiote,
Elle a de l'esprit comme trois ;
Son seul regard *vous ravigote*
Plus que la truffe et que l'anchois.

M. l'abbé de Lattaignant tenait également la harpe de David et le flageolet de la chanson. Dans ses œuvres, en quatre volumes, ornées de son portrait, on rencontre plusieurs cantiques : *le Mystère de l'Incarnation*, sur l'air : *Les cœurs se donnent troc pour troc* ; — *la Passion*, sur l'air : *Vous qui du vulgaire stupide* ; — une *Aspiration à Dieu*, chantée du même ton que *Ne v'là-t-il pas que j'aime !*... On voit que cette alliance du profane et du sacré dans la chanson, qui rend les dévots et les sages si malheureux aujourdhui, ne date pas d'hier, et que Béranger, s'il avait eu besoin d'exemples, n'aurait pas été les chercher bien loin.

Sa chanson achevée, on applaudit à outrance l'heureux chanoine, et Dieu sait s'il y eut de grandes louanges et des admirations au choc des verres pétillants. Une dame alors (c'était la fête de l'abbé) posa sur sa tête grotesque une couronne de roses et lui débita ce joli compliment :

Avec des grâces naturelles,
Peintre des héros et des belles,
Il unit la voix d'*Amphion*
A la lyre d'*Anacréon*.

Seuls, dans le délire universel, nos deux gentilshommes oublièrent d'applaudir. — « Monsieur, dit le plus jeune en montrant l'abbé de Lattaignant, trouvez-vous que M. l'abbé soit aussi gai et aussi curieux qu'on nous l'a fait ? — Ma foi non, dit l'autre, et surtout quand il chante ; et voilà une curiosité que la ville de Reims fera bien d'effacer de son *Guide du Voyageur*. » A ces mots ils saluent Anacréon et s'en retournent à Paris.

Voilà donc, tout d'abord, qu'il faut tenir compte à Béranger de nous avoir débarrassés de ces vieilleries. Il les a complétement dédaignées et méprisées. Il a trouvé lui seul la forme et l'accent de sa propre chanson. La première qu'il ait faite, il l'écrivit pour ses amis ; la seconde appartenait à ses amours (1).

(1) Il avait publié dans *le Caveau : la Gaudriole* (1814), *le Mort-vivant, la Bacchante*; en 1815, *le Pays de Cocagne, Roger Bontemps, les Infidélités de Lisette, le Roi d'Yvetot, Madame Grégoire, Ma grand'mère, Mon curé, Descente aux enfers*; en 1816, *l'Habit de cour, la Fileuse, Vieux habits, vieux galons! Frétillon, la Grande orgie.*

Il allait souvent à Péronne, où l'appelait sa bonne tante ; il y retrouvait les compagnons de son adolescence, et dans son bonheur de les revoir, il leur faisait des chansons. Il en fit une, à la fête des imprimeurs, pour son ancien patron, le vieux père Laisnez : suivi de tous les ouvriers de l'imprimerie, un bouquet à la main, et sur la tête un bonnet de papier, il chanta au bonhomme ébahi des couplets de fête dont voici le refrain :

L'amitié m'anime.
Amis, c'est cela
Qu'il faut qu'on imprime,
Qu'on imprime là.

Ainsi Péronne était pleine de ses chansons. Il en fit une, entre autres, contre *les Chevaliers de l'Arquebuse*, et voilà la guerre allumée ! Il apprit ainsi comment la chanson se change en satire, où la gaieté commence, où la gaieté s'arrête. Un secret instinct lui dit bien vite que la chanson s'adresse aux meilleurs sentiments de l'homme, à sa jeunesse, à ses plus nobles passions. Il comprit que l'ironie est une muse à ce point autorisée qu'elle remplace au besoin toutes les autres. Ses essais, en revenant de Péronne, étaient déjà des chefs-d'œuvre, à savoir : *le Sénateur*, *le Petit homme gris*, la chanson des *Gueux*, écrite, disait-il, par un homme plein de son sujet, et surtout *le Roi d'Yvetot*, cette immortelle gaieté d'un jeune esprit qui en remontre à la toute-puissance ! Que de grâce, en effet, de bonne humeur ! Quelle élégance et quel esprit plus charmant ? Comme il se moquait doucement de la Gloire et de l'autorité sans limites ! Aussi bien, dans cet univers rempli d'un seul homme, ce fut une fête, une joie, un délassement, une révolution de plaisir, ce *roi d'Yvetot*; on la chantait tout bas, et, chantée avec ravissement, elle passait de bouche en bouche. O rire ingénu, malice innocente, sarcasme ingénieux ! La police en eut peur; l'Empereur se prit à rire. Il dut s'amuser, en effet, de ce joyeux petit roi :

> ... Couronné par Jeanneton
> D'un simple bonnet de coton.
> Quel bon petit roi c'était là !

Tels furent les commencements du poëte naissant : au *Roi d'Yvetot* remonte sa gloire, une gloire ornée de courage ; et Dieu sait si le jeune poëte était heureux ! Déjà même on le recherchait dans les grandes compagnies : il fut invité au *Caveau*, dans cette aimable académie où la gaieté, moins la licence, et l'esprit sans prétention ont posé leurs tabernacles ; modeste et sage réunion d'honnêtes gens, contents de peu, heureux de tout, prenant leur part dans la joie et dans la douleur, dans le triomphe et dans l'abaissement de la chère patrie. Amis des choses bien dites, célébrant les grandes actions, leur Muse, à demi vêtue, répand au loin les fleurs de sa corbeille ; sa couronne se compose à la fois du myrte des amoureux et du cytise des buveurs ; Mécène en a paré le front d'Horace, son poëte ; Phillida en cueillait de toutes semblables dans le jardin de Tibur. Ce Caveau fut illustré par Piron, Panard, Collé, Gallet, le petit Crébillon ; et, qui le croirait ? le père Crébillon, fils d'Eschyle ! le formidable auteur d'*Atrée et Thyeste*, était membre du Caveau ! Le vieux Laujon en avait été le président. Désaugiers avait remplacé le vieux Laujon. Désaugiers... nous ne voulons pas ici lui faire son procès; il a laissé des chansons charmantes. Il avait vraiment la verve et l'entrain du franc rire ; il aimait vraiment la fillette et la feuillette; il était ce qu'on appelle un bon garçon, mais un pauvre homme, et les philosophes auraient grand tort d'offrir Désaugiers comme un modèle aux chansonniers de l'avenir. Tant qu'il chanta le vin, la bombance et les faciles amours, cet innocent Désaugiers put être accepté par les sages, qui veulent que la chanson soit purement et simplement un cri de joie, un appel rimé aux plaisirs, à l'amour. Mais quoi! pour être un chansonnier, le poëte n'est pas dispensé, Dieu merci, de la fidélité à ses amitiés, de la constance à ses opinions ; surtout il n'est pas dispensé de la pitié pour le malheur et du respect pour les vaincus. Voilà ce que n'a pas compris le chansonnier Désaugiers, modèle inattendu des poëtes chantants. Au contraire, il s'est prosterné jusqu'à terre, sous le char du victorieux. Il attaqua dans ses vers, d'un royalisme frénétique, plusieurs vaincus qu'il avait adorés sous l'Empire, et il finit par sa triste chanson intitulée : *le Règne d'un terme, ou le Terme d'un règne.* En revanche, il avait reçu, ce Désaugiers, une soupière d'argent du roi Louis XVIII, et quelqu'un, qui n'était pas Béranger, fit une excellente chanson sur l'air : *Rendez-moi mon écuelle de bois.*

> D'où te vient cette écuelle d'argent ?
> D'où te vient cette écuelle ?
> Chez le czar ou chez le régent
> As-tu fait le Polichinelle ?
> D'où te vient cette écuelle d'argent ?
> D'où te vient cette écuelle ?
>
> Bonaparte, esclave indigent,
> N'a plus de quoi payer ton zèle.
> D'où te vient cette écuelle d'argent ?
> D'où te vient cette écuelle ?

Certes, nous laisserions volontiers ce poëte aimable, et bonhomme après tout, dans l'oubli que la grâce, l'esprit, la bonne humeur, ont acquis à ses variations, et nous effacerions volontiers ces accusations, dont Béranger lui-même est le garant, car il les a consignées dans son livre, si la philosophie et même la religion n'avaient pas fait naguère encore, de la vie et des œuvres de Désaugiers, une satire de la vie et des chansons de Béranger lui-même. Ici surtout, dans le chapitre essentiel, ce chapitre absolu de l'honneur, qui ne permet pas de briser la statue adorée à genoux et de trahir son maître après l'avoir accablé de louanges, Béranger brille et se manifeste en caractères ineffaçables. Plus il avait célébré le roi d'Yvetot à l'heure de la toute-puissance impériale, et plus il eut bonne grâce à chanter la gloire au moment de la défaite, à pleurer l'aigle foudroyé au plus haut des cieux. Plus il était un jeune homme inspiré par mille aspirations confuses d'indépendance, et plus c'était son droit de venir en aide à cette France au désespoir, son droit et son devoir de panser sa plaie et de la consoler de sa défaite. Écoutez-le, il vous dira *que l'invasion* fut le plus grand

malheur de sa vie. Hélas! il avait assisté,
de sa mansarde et des hauteurs de la rue
Rochechouart, aux .misères du 30 mars
1814, le jour même de *la prise de Paris*, la
reine des villes ; et son récit, plein d'épouvante et de douleur, est vraiment le récit
d'un poëte qui vient de comprendre enfin
sa vocation véritable. A peine il a vu la patrie écrasée et foulée aux pieds des chevaux
du Cosaque, il se sent remué jusqu'aux
moelles, et se dit à lui-même en pleurant :
« O France! ô chère et grande patrie, et
si malheureuse ! ô mon cher Paris, envahi
par les barbares ! ô malheureux empereur,
écrasé sous ta gloire ! il y a quelqu'un
dans ce monde oublieux de ton génie, un
pauvre homme, un petit-fils d'artisan,
élevé par la charité d'une aubergiste, un
esprit illettré, un chansonnier sans nom,
moins que rien.... Consolez-vous, courage,
espérez, laissez-moi faire et laissez-moi
chanter. O France ! ô Paris ! ô grand exilé !
mieux que tous vos capitaines et tous vos
hommes d'Etat je serai votre consolation,
je serai votre vengeance et votre espoir ! »

Ecoutez-le cependant nous raconter en bonne prose ce misérable jour du 30 mars, qui fut l'obsession de toute sa vie :

— « Après une canonnade qui ne trouva d'opposition sérieuse que du côté de Ménilmontant, où le combat fut long et acharné, et où se conduisirent en héros les élèves de l'Ecole polytechnique et de l'Ecole de Saint-Cyr, vers cinq heures, je vois une colonne de cavalerie arriver sur la butte Montmartre, du côté et par la pente de Clichy. Ce sont des hussards; ils montent lentement : sont-ils des nôtres? Arrivés auprès des moulins, où, à l'aide d'une lunette, je les suis pas à pas, plein d'une douloureuse anxiété, la tête de leurs chevaux se tourne vers Paris. Grand Dieu! c'est l'ennemi! Le voilà maître des hauteurs, si mal défendues. Bientôt cesse le bruit de la fusillade et de l'artillerie ; mon effroi augmente, et je descends vite dans la rue pour savoir des nouvelles. A travers les blessés qu'on rapporte, les fourgons qui rentrent pêle-mêle, je cours jusqu'aux boulevards, et là, comme j'en avais le triste pressentiment, j'apprends qu'une capitulation vient d'être signée par les seuls aides de camp du duc de Raguse. Ce maréchal, travaillé depuis longtemps par les conspirateurs bourbonniens (fait dont je suis sûr), après s'être très-bien conduit pendant la durée du combat, osa donner plus tard le signal de la défection.

« Le peuple des ouvriers, entassé derrière la ligne de défense que j'avais voulu voir le matin, compta toute la journée sur l'arrivée de l'Empereur, qui n'était qu'à quelques lieues ; il s'apprêtait au spectacle d'une victoire. Apercevait-on au loin dans la plaine un général sur un cheval blanc, suivi de quelques officiers : « Le voilà ! le voilà ! » s'écriait cette foule , qui ne supposait même pas que Paris pût courir un danger sérieux. A la nouvelle de la capitulation, il fallait voir la stupeur et la rage de cette multitude courageuse qui a le goût et l'instinct des combats, et qui, tout le jour , n'avait cessé de solliciter des armes, qu'on s'était bien gardé de lui accorder. Moi aussi, j'avais été demander un fusil à ceux qu'on disait chargés d'en faire la distribution.

« Il m'a toujours semblé que j'aurais été brave ce jour-là. »

Et quand Béranger vous disait qu'il eût été brave, il ne croyait pas si bien dire. Il avait, sans le savoir, tous les genres de courage, et surtout le plus rare et le plus difficile de tous, celui qui fait le moins de bruit, et dont les hommes vous savent le moins de gré, le courage civil. Mais quel homme, en ces temps misérables, fût resté impassible à l'aspect de l'invasion ?

« Et pourtant (c'est toujours Béranger qui parle) l'entrée des Russes et des Allemands se fit avec plus de courtoisie que les vainqueurs n'en mettent d'ordinaire. Nos ennemis semblaient se présenter chapeau bas dans la ville de Clovis, de saint Louis, d'Henri IV, de Louis XIV et de Napoléon, dans cette ville de la Constituante et de la Convention, où depuis des siècles s'élabore avec une activité incessante l'œuvre grande et sainte de la démocratie européenne. Les princes se rappelaient sans doute tout ce que la civilisation de leurs peuples et l'esprit de leurs cours nous avaient d'obligations. Presque tous les officiers de cette nombreuse armée parlaient la langue des vaincus, semblaient même n'en savoir point d'autre, si ce n'est quand il leur fallait réprimer les rares brutalités de quelques-uns de leurs soldats. Du haut de leurs balcons, mille ou douze cents bourbonniens (on m'assure que j'exagère le nombre de moitié), hommes ou femmes, gens nobles ou qui travaillent à se faire anoblir, rendaient politesse pour politesse aux vainqueurs ; plusieurs même venaient se jeter aux genoux des chefs, dont ils baisaient les bottes poudreuses, tandis qu'aux fenêtres, des mouchoirs blancs agités, des cris d'enthousiasme, de bruyantes bénédictions, saluaient cette armée qui défilait tout étonnée d'un pareil triomphe. Ainsi un lâche troupeau de Français foulait aux pieds les trophées de nos vingt-cinq dernières années de gloire, devant des étrangers qui par leur tenue prouvaient si bien qu'ils en gardaient un profond souvenir. »

Un jour d'émeute et de guerre civile, M. Thiers, étant ministre de l'intérieur, vit passer sur les boulevards la foule ameutée et se poussant aux barricades : « Voilà pourtant, disait le ministre à un sien ami qui l'accompagnait, voilà mon Histoire de la Révolution qui passe ! » En même temps, il montait courageusement à cheval et s'en allait au plus fort de l'émeute, à la rue Saint-Merri. Ainsi Béranger, lorsqu'il voit passer sous ses yeux indignés ces Russes, ces Prussiens et ces Anglais accourus de tous les coins de l'Europe; lorsqu'il assiste à ces transactions honteuses des généraux de l'Empereur qui livrent leur maître abandonné de la fortune; à l'aspect de ces vils sénateurs proclamant la déchéance, *et brisant avec rage ce qu'ils ont adoré avec crainte* (1); à l'aspect de ces vieillards apportant de l'émigration toutes les haines et toutes les rancunes d'un siècle évanoui; au bruit de ces *Te Deum* chantés dans ces mêmes églises où retentissent encore les *Te Deum* d'Austerlitz et de Wagram, Béranger, quand il assiste aux prosternations des sénateurs, aux murmures indignés du peuple, aux vivat des prostituées saluant le passage de ces rois inconnus et de ces victorieux sans nom; et lorsqu'en même temps le poëte prête une oreille attentive, attristée, aux plaintes de nos vieux soldats qui redemandent leur capitaine, aux larmes de ces mères qui pleurent leurs enfants perdus dans la mêlée, à cet immense abattement de la France au milieu de l'allégresse

___

(1) *Nam cupide conculcatur nimis ante metutum.*

(Lucrèce.)

universelle ; et quand il sait que les Tuileries sont au pillage , et que notre musée ,
envahi comme tout le reste , sera dépouillé
des chefs-d'œuvre que lui avait donnés la
conquête, et, pour tout dire, en un mot,
dans la pénible agitation de cette fin du
monde français : O dieux vengeurs ! s'est
écrié Béranger, ô dieux des peuples insul-
tés et des nations malheureuses, je vous
atteste ici, par mes pleurs, par mes regrets,
par mes pitiés, par mes respects, par mes
vengeances, je viens de voir passer mes
chansons à venir.

Voilà quelle fut sa muse. Et lui aussi, ce
témoin sympathique et sérieux de tant de
misères, il pourrait s'écrier que l'indignation lui avait dicté ses premiers vers. —
« Non , disait Béranger en 1833 , je n'ai
pas célébré le despote et le conquérant, si
j'ai chanté le grand capitaine ! » Et comme
on lui reprochait en même temps *d'avoir
fait une opposition de haine aux Bourbons*, il
répondait loyalement qu'il n'était pas l'en-
nemi-né des princes de la maison de Bour-
bon, qu'il ne les haïssait pas de ces haines

inexplicables sous lesquelles ils ont suc-
combé ; au contraire, il les savait destinés,
« par leur faiblesse même, » *à rendre facile
la renaissance des libertés nationales !* Si donc
il a chanté l'Empereur exilé, ce n'est pas
par haine pour la Restauration, ou par admiration pour l'Empire : c'est uniquement
par pitié pour les malheurs d'une patrie
que la République lui avait appris à adorer.

Mais s'il ne haïssait que l'invasion ou la
guerre civile, il les haïssait de toutes les
forces de son âme. Il disait avec Tacite,
et sans jamais l'avoir lu, que la guerre civile a cela surtout de misérable et de honteux, *qu'elle fait oublier même la guerre avec
les nations ennemies !* Puis il ajoute, avec ce
bon sens qui est le commencement de la
justice : « Que l'amour du pays soit toujours notre première vertu, et je le recom-
mande surtout à nos littérateurs, qui, mieux
que d'autres, peuvent prêcher cette vertu-
là. Ai-je besoin de rappeler que mon vieux
patriotisme ne m'a jamais empêché de faire
des vœux pour le respect des droits de

l'humanité et pour le maintien honorable
de la paix? La paix, bien mieux que la conquête, assure les progrès du principe de
notre Révolution. On m'a souvent entendu
répéter depuis 1830 : « Quand on croise les
« baïonnettes, les idées ne passent plus. »

Vous l'entendez, *l'idée*... à jamais, il
faut que ça passe, et quand l'idée est en
marche, il faut absolument qu'on la suive.
A l'idée appartient la justice, et par la justice on arrive à récompenser tout ce qui
est honnête, à châtier toutes les lâchetés et
tous les crimes. Béranger, quand il obéit
aux souvenirs de l'invasion, reste à peine
un homme de sang-froid. Toutes ces hon-
tes l'obsèdent, comme autrefois le dieu des
autels d'Apollon. « Le dieu ! voici le dieu ! »
Pour ces flatteurs de la force, et pour ces
lâches incessamment prosternés aux pieds
du vainqueur, le poëte est sans pitié ! Son
indignation va si loin, qu'elle s'attaque à
ces demoiselles du Palais-Royal qui ont si
bien accueilli « nos amis les ennemis ! »
Son doigt vengeur les désigne au mépris
de l'avenir. « Vois-tu celui-là ? il a vendu

à prix d'or, à ce tyran, la patrie et ses libertés (1). »

C'est mieux que du Béranger, c'est du
Virgile, au milieu de son enfer.

Voilà pourtant ce que murmurait le jeune
poëte à Lisette, au mois de mai 1815,
deux ans après *le Roi d'Yvetot*, rien que
deux ans !

> Combien les belles et les princes
> Aiment l'abus d'un grand pouvoir...

Et, de même que Béranger disait si
bien : « Mes chansons, c'est moi ! » c'était
son droit de dire aussi : « Le peuple est
ma muse ! » Il était un enfant du peuple,
à la façon de cet aimable Athénien, Tyrtée.
Il était né, ce Tyrtée, au fond du faubourg,
d'un père artisan; il était borgne et boi-
teux, et, qui pis est, maître d'école. A ce
point ce méconnu était méprisé des Athéniens, qu'ils l'envoyèrent, par risée, aux
Lacédémoniens, lorsque Sparte leur demandait un général qui conduisît ses trou-

(1) *Vendidit hic auro patriam dominiumque potentem*
Imposuit...

pes à l'ennemi. Eh bien, ce dédaigné, parce qu'il était un grand poëte, à lui seul il valait tous les généraux de l'Attique ! A lui seul il gagna plus de batailles que Miltiade ! Ses cantiques étaient ses soldats, ses satires étaient ses victoires ! En son *Art poétique*, Horace a montré le Tyrtée des batailles, l'espoir des Athéniens, la terreur des barbares, et de sa voix souveraine enflammant l'ardeur des plus vaillants courages ! Tel était, chez nous, ce garçon d'auberge et cet expéditionnaire appelé Béranger ! « Mon bonheur, disait-il, c'est de consoler ce peuple des rues que nos poëtes ont trop négligé ! » Vraiment, il n'y a pas, Dieu en soit loué, chez aucun peuple de ce monde, un seul poëte, à bon droit populaire, qui se puisse vanter d'une inspiration plus heureuse et d'une origine meilleure. Homère et Dante, Virgile et Voltaire : ils n'ont pas d'autre muse ! « O dieux puissants ! *Dieu du peuple !* » s'écriait Jean-Jacques Rousseau. Ils sont tous les mêmes, ils ont tous les mêmes refrains, ces écrivains de la foule, amoureux de renommée ! A nous la foule! à nous le peuple! à nous les dieux du peuple! Ils n'en connaissent pas d'autres, ils n'en savent pas d'autres :

Je suis du peuple ainsi que mes amours.

Si le héros des chansons de Béranger, le fantôme inévitable, nous apparaît triste et superbe entre Lisette et Mme Grégoire, c'est qu'il était, lui aussi, le Dieu du peuple, et que le peuple de Béranger s'inclinait à ses autels. Béranger eut donc chez nous, et dans l'univers entier, l'honneur d'être le premier à comprendre, à deviner, le jour même de la chute de l'Empereur, que ce grand homme appartenait désormais à la poésie, à côté d'Alexandre et de Charlemagne. Il comprit, plus encore par son cœur que par son génie, à quel point le vaincu de Waterloo devenait un héros légendaire, et quel parti, désormais, pouvait tirer le poëme de ce demi-dieu voisin des fables. Cependant, soyons justes, et rendons à chaque poëte la part qui lui revient dans ces cantiques : si Béranger fut le premier et le seul parmi nous qui devina si vite et si bien la toute-puissance poétique du Titan foudroyé, il y eut en Angleterre, à la même heure, au même instant, un autre esprit, lord Byron, poëte et grand seigneur, aussi fier de sa naissance que de son génie, qui pressentait le grand parti que la muse saurait tirer du grand homme écrasé (on le disait du moins) par lord Wellington. Ce jour-là, *qui que tu sois, Byron*, tu as fait une illustre découverte ; tu peux te vanter d'avoir été un instant le camarade et le complice du poëte le plus populaire et le plus aimé de cette France en deuil.

« Etoile des braves, qui as répandu tant de gloire sur les vivants et sur les morts, prestige brillant et adoré qui faisais courir aux armes des millions d'hommes empressés de te rendre hommage, météore d'origine immortelle, pourquoi es-tu retombé sur la terre après t'être élevé jusqu'au ciel ? »

La strophe est de Lord Byron.

Bientôt l'exemple donné, en Angleterre,

par ce lord, chez nous, par ce garçon d'auberge, et les peuples étant touchés jusqu'au fond de l'âme de cette misère incomparable, il arriva que pas un poëte ouvrant ses ailes au premier rayon qui l'emporte n'oublia de payer le tribut naissant de son génie à l'Empereur. Casimir Delavigne, enivré de toutes les grâces de la jeunesse et de la poésie, eut l'insigne honneur de mêler le souvenir de nos gloires passées à la contemplation de nos misères présentes. On s'en souvient encore aujourd'hui, dans ce monde oublieux des poëtes, la première *Messénienne* était consacrée à la bataille de Waterloo :

Ils ne sont plus, laissez en paix leur cendre :

. . . .

Mais un seul jour les a vengés :
Ils sont tous morts pour vous défendre.

Il disait aussi la dévastation du *Musée ;* il célébrait le départ des étrangers. En même temps il s'adresse à l'Empereur, au dieu tombé :

De lumière et d'obscurité,
De néant et de gloire étonnant assemblage,

Astre fatal aux rois comme à la liberté,
Au plus haut de ton cours porté par un orage,
Et par un orage emporté.

Cette fois, le poëte des *Messéniennes* s'é-
levait jusqu'à l'ode éclatante, et l'Europe
entière répétait dans un sentiment unanime
d'admiration, de pitié et de respect, ces
beaux vers que le plus grand poëte de notre âge ne désavouerait pas :

Seul et sur un rocher, d'où sa vie importune
Troublait encor les rois d'une terreur commune,
Du fond de son exil encor présent partout,
Grand comme son malheur, détrôné, mais debout
Sur les débris de sa fortune.

Cependant, du sein des *Méditations poé-
tiques*, semblables à quelque poëme révélé,
une voix s'élevait toute-puissante et charmante, qui célébrait à la fois, dans une
langue inconnue et trouvée, l'Elvire idéale
et *Bonaparte* :

Il est là !... sous trois pas un enfant le mesure !
Son ombre ne rend pas même un léger murmure,
Le pied d'un ennemi foule en paix son cercueil.

Sur ce front foudroyant le moucheron bourdonne,
Et son ombre n'entend que le bruit monotone
    D'une vague contre un écueil,

De son côté, dans son ombre et dans sa lumière naissantes, Victor Hugo, *l'enfant sublime*, un nom que lui donna M. de Chateaubriand, chantait, dans le même livre, *l'Arc de triomphe de l'Etoile* et *la Colonne de la place Vendôme* :

Arc triomphal ! la foudre, en terrassant ton maître,
Semblait avoir frappé ton front encore à naître.
Par nos exploits nouveaux te voilà relevé !
Car on n'a pas voulu, dans notre illustre armée,
    Qu'il fût de notre renommée
    Un monument inachevé.

. . . .

Débris du grand empire et de la grande armée,
Colonne d'où si haut parle la Renommée,
Je t'aime : l'étranger t'admire avec effroi.
J'admire tes héros sculptés par la Victoire,
    Et tous ces fantômes de gloire
    Qui se pressent autour de toi.

A son tour une voix éloquente, une voix écoutée, un orateur, un rêveur, presque un poëte, Edgar Quinet, s'inquiétant à l'avance des complaintes de l'avenir, et faisant de Bonaparte un homme légendaire, écrivait cette grande histoire, à la façon des complaintes que le peuple aime à chanter, et qu'il porte avec soi dans le champ qu'il laboure, à sa forge, à son foyer. Car, n'en déplaise à la philosophie, il faut bien reconnaître, en vérité, que le vrai poëme est d'humble origine : il va terre à terre à la suite de l'indigent, de l'enfant, du vieillard ! Il s'adresse avant tout aux passions de la foule, à ses amours, à ses croyances, à ses douleurs. Homère est un poëte errant sur les rivages de la Grèce ; on l'entoure, il chante au peuple assemblé les batailles de ses héros, il leur raconte ce qui se passe dans le conseil de ses dieux. C'est parce que l'*Iliade* est le poëme adopté du peuple grec, que l'*Iliade* a fini par être la grâce et l'enchantement des plus grandes nations de ce bas monde, et le poëte français a très-bien dit, en parlant d'Homère :

Il est, comme tous ses héros,
Babillard outré, mais sublime.

Voilà sur quelles données et dans quelle ambition M. Edgar Quinet écrivit son poëme légendaire, oubliant que la légende a l'haleine courte, que le peuple a peine à retenir les compositions trop compliquées, et que la complainte abrupte du *Juif errant* est encore aujourd'hui l'ornement de toutes les cabanes et de toutes les maisons rustiques. Bien plus, il arriva, dans cette entreprise étrange, que le poëte eut beau se faire humble et petit, rêver l'honneur de la complainte et ne songer qu'à la chaumière, il fut emporté malgré lui par la toute-puissance et par la grandeur de son sujet. Si bien que son verre à boire devint une coupe large et profonde, et que sa chanson, en marchant toujours (*musa pedestris*), finit par prendre héroïquement l'allure et l'ampleur du poëme épique.., en un mot, tout ce que le poëte voulait et devait éviter.

—Quel nom faut-il graver sur l'airain? — Point de nom.
La mort connaît la mort, la tombe son limon.
— Quel écusson faut-il ciseler sur la pierre?
Combien de pleurs, de marbre, et quelle humble prière?
Ni larmes ni prière... Au lieu de ton ciseau,
La foudre gravera l'écusson du tombeau.

O gloire éclatante et féconde entre toutes ! Elle s'était abritée uniquement sous l'épée, et, l'épée étant brisée, elle montait dans le ciel d'Homère au bruit de toutes les lyres naissantes. En même temps que nous admirons tous le bonheur du conquérant, admirons aussi l'intelligence et le désintéressement de la poésie ; elle oublia soudain, le voyant si triste et si malheureux, toutes les rigueurs du maître ; elle oublia qu'il avait négligé de la connaître et de l'aimer, et d'une main pieuse elle l'arracha, vivant encore, à la nuit du tombeau.

Ainsi fut vaincu l'exil, ainsi fut supprimée, au bout de l'Océan, la roche implacable où Prométhée, attaché par des liens de fer, livrait son foie immortel au vautour ; ainsi fut démentie, en vingt-quatre heures, notre défaite à Waterloo ; ainsi, grâce à la poésie, et surtout grâce à ces chansons dont l'écho était partout, dans toutes les âmes généreuses, la défaite se change en victoire, l'exil en triomphe, et l'écueil en autel.

III

Tel fut le vrai commencement de la gloire et de la popularité de Béranger. Certes, voilà une origine facile à comprendre, et ceux-là d'autant mieux le comprendront, qui voudront lire, avec les respects mérités, les quatre tomes de lettres autographes que le persévérant et courageux éditeur de Béranger a recueillis avec un zèle tout filial.

Ma Biographie est un livre empreint d'une grâce exquise, d'une vérité suprême. On y retrouve, de la première page à la dernière, un sage esprit; une âme ingénieuse, un observateur plein de réserve et de modestie. Il assiste, au milieu de ses amis les gens du peuple, au spectacle incroyable de cette Restauration qui passe en criant : *Vive le roi!* Bientôt, ce roi, venu si tard, fait place à l'Empereur, qui revient à son tour. C'est un va-et-vient de passions, d'ambitions, de tumultes. Il y avait de quoi éblouir une

pensée moins nette, et troubler une tête
moins forte... il reste calme et laborieux.
Il fallait vivre... il vécut de très-peu. A la
fin de 1815, il publia son premier tome,
et le roi Louis XVIII, un bel esprit, l'ami
d'Horace, qu'il savait par cœur, fut un des
premiers à lire les chansons nouvelles.
Plus d'une était assaisonnée au gros sel,
on y sentait la pointe de la raillerie et le
trait qui pique ; il y avait surtout cette immense admiration de l'Empereur tombé qui
devait gêner le vieux roi. « Mais il faut
pardonner beaucoup à l'auteur du *Roi d'Y-
vetot*, » disait Louis XVIII. Même il poussa
si loin la bonhomie et le pardon, que l'on
trouva sur sa table, après sa mort, entre
Horace et le *Voyage d'Anténor en Grèce*,
un exemplaire des premières chansons de
Béranger.

Béranger a laissé sa véritable biographie
au milieu de ces aimables lettres et de ces
tendres épanchements. Il est là tout entier,
sans nulle gêne, et surtout sans cette horrible peur, qu'il eut toute sa vie, de parler
de lui-même en termes trop magnifiques.

Sa première lettre est écrite à son père ; l'enfant avait alors treize ans et demi. Le père était détenu à la Conciergerie en sa qualité de conspirateur royaliste, et son enfant le consolait de son mieux. On trouve ensuite une lettre adressée à son bienfaiteur, Lucien Bonaparte, membre de l'Institut, puis une lettre à son second père, M. Quénescourt, dont il a parlé toute sa vie. En ce moment, à l'heure des premières poésies et du renouveau, vous cherchez Lisette, elle est absente. A peine on l'entrevoit dans une ombre réservée ; il était modeste en toutes choses, et même en ses amours. Il les chante, à la bonne heure ; il ne veut pas qu'on les voie, il ne veut pas qu'on les sache. « Ami, cache ta vie ! » est un bon précepte à l'usage même des chansonniers ; d'ailleurs, que nous importe que Lisette ait vécu pour le poëte ?... Elle a vécu pour nous, qui célébrons ses grâces et sa jeunesse, et qui buvons encore à sa beauté.

C'est le privilége de la poésie, elle embellit même les plus belles personnes. Elle donne un nom, une forme, un visage, aux chères passions de la vie. Elle a si bien fait, que nous avons, les uns et les autres, rencontré sous les grands portiques, sous les ombrages frais, Néère et Chloé, Tyndaride et Glycère. Elles sont nôtres ; nous dirions volontiers quel était leur sourire, et quels beaux plis faisait, au champ de Mars, leur robe empourprée. Ainsi nous croyons à toutes les beautés que notre poëte a chantées ; nous croyons aux gaietés de la *bonne fille*, aux chansons de Mme Grégoire, à la Babet du vieux célibataire :

Allons, Babet, un peu de complaisance,
Un lait de poule et mon bonnet de nuit.
. . . .

Nous croyons à ces fêtes, à ces rencontres, à ces refrains de l'amour :

Je n'ai ni bien, ni rang, ni gloire,
Mais j'ai beaucoup, beaucoup d'amour.

C'est une des chansons que Béranger chan-

tait le mieux, quand il était jeune. Il y en
avait une autre qu'il disait à merveille :

> L'Amour nous fait la leçon ;
> Partout ce dieu sans façon
> Prend la nappe pour serviette.
> Turlurette, turlurette,
>   Bon vin et fillette !

Et nous aussi, quand nous étions jeune
(il y a si longtemps !), nous avons beaucoup aimé la Jeanneton de Béranger, et
nous l'avons beaucoup chantée, sur un air
fait tout exprès par M. Karr le musicien,
le digne père d'Alphonse Karr :

> Fi des coquettes maniérées !
> Fi des bégueules du grand ton !
> Je préfère à ces mijaurées
> Ma Jeannette, ma Jeanneton.

Nous avons vu aussi, dans ces temps heureux, sous la treille abondante, à vingt ans,
à l'heure où Charlet peignait des enseignes :

> Margot, leste et bien tournée...
> Le verre en main voyez-la ;
> Comme à table elle babille !
> Quel air et quels yeux elle a

Quand le champagne petille !
Quoi ! l'air décent ? dit un sot.
— Oui, c'est l'humeur de Margot.

L'aimable et poétique chanson ! Vous savez par cœur *les Deux Sœurs de charité* :

Vierge défunte, une sœur grise
Aux portes des cieux rencontra
Une beauté leste et bien mise
Qu'on regrettait à l'Opéra.

. . . .

Nous parlions tantôt de légende, en voilà une, et c'est Béranger qui l'a faite : la légende de Lisette !

Vous avec des bijoux,
Vous avec une aigrette !...
Vos pieds dans le satin
N'osent fouler l'herbette ;
Des fleurs de votre teint
Où faites-vous emplette ?

Et quand les savants disaient à Béranger : Mais nous connaissons cette Lisette, elle nous vient en droite ligne des amours de Voltaire ; elle s'appelait Lise en ce temps-là :

Lise, qu'est devenu le temps
Où, dans un fiacre promenée...

Eh bien, disait Béranger, où donc est le mal? Voltaire et moi, nous avons eu la même maîtresse et les mêmes amours.

En général, l'un et l'autre, ils ne redoutaient pas les coquettes. Ils trouvaient que l'envie et l'art de plaire ont bonne grâce à la jeunesse, à la beauté. La coquette est l'héroïne de l'ode amoureuse, elle la fait vivre, elle la réveille :

> Ah! cachons bien que mon cœur est sensible,
> La coquette en abuserait.

Dans ces doux poëmes de Béranger, il en est deux, qui sont dans toutes les mémoires, j'ai presque dit dans tous les cœurs ; deux chansons immortelles, impérissables, unies l'une à l'autre comme les trois Grâces dans l'ode au printemps. *Le Grenier*, voilà la première chanson. Dans ce grenier plein de fête apparaît la première maîtresse :

> Vive, jolie, avec un frais chapeau...
> Déjà sa main à l'étroite fenêtre
> Suspend son châle en guise de rideau ;
> Sa robe aussi va parer ma couchette.

Respecte, Amour, ses plis longs et flottants...
J'ai su depuis qui payait sa toilette;
Dans un grenier qu'on est bien à vingt ans !

Pourtant Lisette, elle aussi, a rencontré
d'honnêtes gens qui la renient ! On la mal-
traite ! on la méprise ! on lui dirait volontiers : Va-t'en, malheureuse ! Béranger
lui-même, il s'est vu forcé de la défendre,
et voici, comme à cinquante ans qu'il
avait déjà, il prit la défense de ses amours :

Ah ! ma pauvre amie, que nous entendons
l'amour différemment ! Vous avez donc une bien
mauvaise opinion de cette pauvre Lisette ? Elle
était cependant si bonne fille, si folle et si jolie,
et si tendre ! Quoi donc ! vous vous fâchez
contre elle parce qu'elle avait une espèce de
mari qui prenait soin de sa garde-robe ! Ah ! si
vous l'aviez vue, à coup sûr vous n'auriez pas
le courage de la gronder. Elle se mettait avec
tant de goût ! Tout lui allait si bien ! D'ailleurs
elle n'eût pas mieux demandé que de tenir de
moi ce qu'elle était obligée d'acheter d'un autre.
Dites ! Comment faire ? Elle et moi nous étions
si pauvres ! La plus petite partie de plaisir me
forçait à vivre de panade que je faisais moi-
même, entassant rime sur rime et tout gonflé de

l'espoir de ma gloire à venir. Rien qu'à parler de cette riante époque de ma vie, où, sans appui, sans pain assuré, sans instruction, je bâtissais mille châteaux, sans oublier les plaisirs et l'heure présente, mes yeux se mouillent de larmes involontaires. La jeunesse est une si belle chose qu'elle répand son charme et son enchantement sur les années déshéritées. Croyez-moi, ma chère amie, employez bien le temps qui vous reste; aimez et laissez-vous aimer; j'ai bien connu ce bonheur: c'est le plus grand bonheur de la vie!

«O ma bonne Cinnare, ai-je assez aimé ton règne heureux ! » disait Horace avec la reconnaissance et dans l'accent même de Béranger.

La reconnaissance et le sentiment sont les mêmes. Avouons aussi que la forme est exquise, et que le sourire est charmant. Où trouver plus de grâce et plus de jeunesse ? Au contraire, dans la suprême chanson : *la Bonne Vieille*, on éprouve un véritable attendrissement, mêlé d'une sympathie ineffable :

On vous dira : Savait-il être aimable ?
Et, sans rougir, vous direz : Je l'aimais.

— D'un trait méchant se montra-t-il capable ?
Avec orgueil vous répondrez : Jamais !
Ah ! dites bien qu'amoureux et sensible,
D'un luth joyeux il attendrit les sons ;
Et bonne vieille, au coin d'un feu paisible,
De votre ami répétez les chansons.

C'est tout un drame, une véritable élégie ; élégie et drame, ils sont dans toutes
les mémoires. On les sait sans les avoir appris ; on les répète dans ses jours de tristesse ; on les chante à ses joies les plus intimes. Ils vous accompagnent, ils vous
suivent, et voilà pourquoi nous vous ai-
mons, chères beautés qu'il a tant aimées !
Nous dirions, au besoin, la couleur de ses
cheveux, la suave odeur de leurs parfums.
Elles nous tiennent par toute la grâce des
souvenirs, et surtout par notre amitié pour
le poëte qui les a chantées C'était là sa
jeunesse, et c'étaient là ses fêtes les plus
vives ; et puis, quand il n'a plus aimé :
« Adieu, disait-il, à mes chansons ! »

Adieu, chansons, mon front chauve est ridé ;
L'oiseau se tait, l'aquilon a grondé.

Or, maintenant que tout s'est enfui de

ces fêtes charmantes, vous voulez, vous autres sages, qui n'avez jamais été jeunes, mettre à l'index la plus belle part de notre vie, effacer nos plus chers souvenirs, mutiler nos plus doux poëmes; vous voulez, tout d'un coup, effacer les plus beaux rêves, et nous ramener aux lamentations, aux plaintes funèbres. De quel droit, je vous prie? et pour quoi faire ? à quoi bon ?

— Mais, disent ces esprits austères, le poëte nous déplaît. — Ne le lisez pas, et laissez-nous notre poëte. — Mais ses gaîtés déplaisent à notre sagesse!... O sages, gardez votre philosophie, et laissez-nous ses chansons. D'ailleurs, qui vous dit que vous les ayez jamais comprises? Quand donc les avez-vous lues? à quel moment de votre vie ? Étiez-vous amoureux en ce temps-là ? Disons mieux, avez-vous jamais été jeunes ? Despréaux lui-même, il disait des poésies de l'amour : « Il faut être amou-reux. » O sages infortunés, qu'ils sont à plaindre ! Ils se figurent qu'ils savent Béranger, parce qu'ils auront ouvert son livre, par hasard.

Ces vives chansons dont l'empreinte est partout, sur la terre et dans l'écho, sur tous les champs de bataille, à tous les bouchons, dans tous les exils, à peine ils les ont lues, ils ne les ont jamais chantées. Ils n'ont jamais assisté de près et de loin à cette joie, à ce bonheur de la joyeuse ivresse à la libre allure, au sein nu, qui va d'âme en âme et de verre en verre, amenant avec soi l'oubli des chagrins de l'heure présente avec l'espoir de l'heure à venir. Les voyez-vous d'ici, lisant solennellement du haut d'une chaire philosophique, épelant la leste et rapide chanson? Ah! que je la plains, la pauvrette, embourbée en ces dissertations philosophiques! C'est ainsi que de l'herbe et de la fleur des champs le savant va faire un herbier. Restez là, fleur desséchée, à côté des papillons piqués sur une épingle, et non loin du rossignol empaillé!

Un poëte l'a très-bien dit, un vrai poëte qui n'était pas un sage :

> Les vers sont enfants de la lyre,
> Il faut les chanter, non les lire.

Ajoutons qu'il faut les comprendre et les aimer, et s'y connaître.

Eh bien, laissons Béranger répondre à son tour.

« Monseigneur, écrivait-il à l'abbé de Pradt, l'ancien archevêque de Malines, je sais parfaitement toutes les convenances, mais j'ai une mission à remplir toute diffé-rente de la vôtre : un chansonnier doit aller de l'avant ; il a beau connaître toutes les convenances, il en est une foule au-dessus desquelles il doit se mettre pour servir la cause qu'il a embrassée. Enfant perdu, il faut qu'il se résigne quelquefois à être abandonné. Aussi, doit-il voir sans sourciller ceux qui le connaissent le mieux ne pas lui rendre toujours ses coups de chapeau ; s'il tombe, il doit s'attendre même que plus d'un ami lui jettera la pierre. »

Ainsi parlait Béranger *pour sa maison*. Il comprenait très-bien que nul ne le pouvait défendre et protéger mieux que lui-même. Et de fait, un simple berger des *Eglogues* de Virgile en sait plus long, en fait de vers, que l'Académie entière des sciences morales et politiques. Un de ces bergers, prié de chanter une chanson : «Je le voudrais bien, dit-il, mais l'air seul m'est resté. »

Numeros memini... si verba tenerem.

Et Daphnis s'abstient de chanter. Doux berger ! Mais son exemple n'a pas été suivi par les *sages*. Ils veulent se connaître, ces enfants de Platon, en toutes sortes de misérables petites choses qui nous charment, nous autres, les infiniment petits de l'intelligence; esprits, si l'on veut, au moins savons-nous distinguer l'épître du madrigal, l'épitaphe de l'épithalame, le rondeau du sonnet, le *bouquet* du compliment. Fi ! vous dis-je, ô philosophes ! qui mieux que nous croyez vous connaître en inscriptions, stances, portraits, caprices, saillies, impromptus et bouts-rimés. Ce n'est pas votre affaire, et votre gloire n'est pas là. S'il vous plaît, laissez-nous nos poëtes. Ce n'est pas nous qui voudrions troubler vos contemplations sublimes; laissez-nous sous le hêtre, et gardez vos étoiles. Philippe de Macédoine, un jour, comme il était à rêver au moyen d'écraser Démosthène, le dernier rempart des libertés athéniennes, entendit un musicien, caché sous les arbres, qui jouait de la flûte. Il en jouait à merveille, et si bien que le roi en fut tout distrait de son travail. Mais jugez de son étonnement lorsqu'il vit que ce joueur de flûte était son propre fils Alexandre. « Eh quoi ! s'écria le roi de Macédoine, n'avez-vous pas honte, ô mon fils, de tant exceller dans un si petit art ? »

Ce que disait Philippe à son fils Alexandre, nous le dirions volontiers à ces grands philosophes qui ne veulent pas que l'on chante. Ils auraient grand tort de se connaître en chansons, en parfums, en belles grâces, en beaux-arts, en bon vin, en plaisirs, en élégances de toute espèce, en toutes les choses défendues. Ces choses-là ne sont pas faites pour eux, ils ne sont pas faits pour elles, et, tant que j'aurai mon bon sens, je me garderai bien de présenter les *Feuilles d'automne* aux mathématiciens, qui me diraient : Qu'est-ce que cela prouve ?

et les *Contemplations* au père Malebranche, qui n'a fait que deux vers dans toute sa vie. Non, non, les poëtes qui tiennent à leur gloire, à leur renommée, et qui sont populaires, ne rêvent pas des prosélytes impossibles ; ils respectent l'algèbre au front ridé, et ne songent pas à lui plaire. Même les poëtes lyriques ont leur nuage à part, dans les nuages supérieurs, où se complaisent les philosophes ; ils habitent un nuage éclatant d'une splendeur ineffable. Au reste, il y a bien longtemps qu'elle existe, cette séparation, mêlée de méfiance et de mauvaise humeur, entre le poëte et le philosophe ; ainsi, par respect pour la philosophie, autant que par notre admiration pour la poésie, il nous semble que l'heure serait venue enfin d'expliquer ces droits et ces devoirs, si différents l'un de l'autre.

En effet, le poëte apporte avec soi la grâce et l'ornement du monde ; il est la parole et l'accent, il est la vie ; il polit le langage, il l'adoucit, il le remplit des meilleures et des plus ingénieuses passions. Dites-moi, nations, la gloire et le nom de vos

poëtes, et je vous dirai qui vous êtes. Au
contraire, ôtez de la vie d'un peuple le
poëte qui le réjouit et le conseille, aussitôt
vous ôtez à ce peuple déshérité les fêtes
de son printemps, le charme ingénieux de
ses hivers ; il perd à la fois son repos dans
l'heure présente et l'ornement de sa gloire
dans l'avenir.

Or, plus le poëte appartient à son peuple, au sol même, à ses croyances, à ses
grandeurs, plus la perte serait irréparable.
Avant tout, philosophie à part, il faut
qu'un poëte appartienne à sa nation, à son
époque, à l'heure présente, aux joies de ce
matin, aux douleurs de ce soir ! C'est beau,
rare, et c'est charmant, la poésie ancienne ;
Athènes et Rome, à la bonne heure ! Oui,
mais le poëte, mon voisin, mon frère, mon
ami, mon compatriote et mon contempo-
rain, celui qui vit de mon souffle et qui se
chauffe à mon soleil, celui dont la rue et
les carrefours savent le nom populaire,
ami de mes amours, favorable à mes colères, docile à mes plaintes, compagnon de
mes batailles, voilà vraiment mon poëte et

vraiment mon héros ; c'est le mien, c'est
le nôtre ; il parle, et je l'écoute ; il marche, et je le suis avec autant de confiance
que si je suivais mon père ou mon aïeul.

Mais, dites-vous, si les poëtes ont tant
de crédit sur les âmes d'alentour, quel
sera le crédit des philosophes ? J'en suis
fâché pour la philosophie ; il faudra bien
qu'en toute occasion elle cède le pas à la
poésie, et, que dis-je ? à la chanson. Le
philosophe est un soldat armé de toutes
pièces ; il va d'un pas lourd et pesant à un
but lointain qu'il a rêvé et qu'il ne saurait
voir. Il attache avec soin toutes sortes de
syllogismes à toutes sortes de fils conduc-
teurs dont il ne saurait se passer ; qu'un fil
se brise, il s'étonne, il s'inquiète, il ne retrouve plus sa route, il est perdu dans ses
propres sentiers... Le poëte est un soldat
armé à la légère ! il marche au hasard de
ses passions, de ses amours, par les plus
beaux sentiers. Il va, il s'arrête, il arrive,
il part ! Rien ne le gêne, et rien ne l'arrête. Il obéit à l'inspiration prime-sautière,
et rien ne l'amuse autant que de voir, tout

là-bas, s'avancer d'un pas lourd et pesant
la philosophie haletante après toutes sortes
de vieilles vérités qui lui échappent pour
courir au poëte en leur habit de fête.
Ainsi, pendant que le philosophe arrange
avec la plus grande habileté ses syllogismes et ses raisonnements, le poëte, inspiré de toutes les croyances généreuses,
chante au ciel, à la terre, au nuage, un
cantique victorieux : il est la lumière, il
est l'espérance, il est la constance, il est
l'amour.

M. Lefranc de Pompignan, voulant con-
clure à la louange de la poésie, cite un vers
d'Horace, parlant de la vertu : « Du fond
de l'abîme elle sort plus belle et plus brillante que jamais (1). »

« Heureux les arts et les artistes, disait
Pline le jeune, s'ils rencontraient toujours
de véritables connaisseurs ! » Quant à
nous, si, par hasard, nous entendons nier
par les philosophes les passions sincères,
les sentiments naturels, toutes les grâces

(1) *Merses profundo, pulchrior evenit.*

de la vie et toutes ses gaîtés, nous nous rappelons involontairement cette scène charmante des *Confessions* de Jean-Jacques Rousseau : — « Elle prit d'abord la chose en plaisantant, et, dans son humeur folâtre, dit et fit des choses à me faire mourir d'amour. Mais gardant un fond d'inquiétude tel que je ne pus le lui cacher, je la vis enfin rougir, se rajuster, se redresser et, sans dire un seul mot, s'aller mettre à la fenêtre. Je voulus m'y mettre à côté d'elle ; elle s'en ôta, fut s'asseoir sur un lit de repos, se leva le moment d'après, et, se promenant par la chambre en s'éventant, me dit, d'un ton froid et dédaigneux : *Zanetto, lascia le donne, e studia la matematica.* »

Et voilà précisément l'exemple que je cherchais depuis longtemps : Jean-Jacques Rousseau, c'est la philosophie ; Julietta, c'est la chanson.

DEUXIÈME PARTIE.

IV

La critique a beau faire et prendre un
long détour à travers les jeunes années de
son poëte, il faut bien qu'elle arrive, enfin,
au chapitre difficile de cette biographie, au
délit de Béranger, à son châtiment; à ces
longues heures d'une prison méritée. Il y
avait dans cette âme ingénue un grand
fonds de colère; ce cœur paisible contenait
de terribles rancunes. — Poëte adopté par
les hommes de l'opposition la plus violente,
ami des rhéteurs les plus dangereux, pas-
sionné pour l'éloquence et grand admirateur de Manuel, son meilleur ami, le chansonnier avait peu à peu compris toute sa
force, et (c'était l'usage) il l'essayait sur

cette royauté, bien attaquée, mal défendue. Ajoutez qu'il la croyait toute-puissante, ét qu'il n'eût pas imaginé qu'elle tenait chez nous à des liens si fragiles. Enfin, tout le poussait dans cette mêlée ardente : ses amitiés, ses passions, ses amours plébéiennes, ce besoin irrésistible d'être applaudi de la foule, et le succès presque assuré de ces attaques si cruellement combinées. Pensez donc à ces tonnerres qui grondaient dans un ciel sans nuage : les pamphlets de Courier, les discours du général Foy, la mauvaise humeur de Royer-Collard, les coups de boutoir de M. Dupin, les bons mots de M. le premier président Séguier, les ennuis de M. de Chateaubriand, les vulgarités de M. de Villèle, l'autorité de M. Laffitte, et, plus cruellement que tout le reste, l'esprit, la verve et l'ironie intarissable de toutes les haines qui divisaient le double peuple de la Restauration. Elles étaient également violentes du côé des royalistes et du côté des libéraux. Un des plus fiers esprits de ce temps-ci, M. Guizot, a raconté dans ses *Mémoires* un incroyable effet de la haine politique : — « J'ai entendu, à cette époque, une femme du monde, ordinairement sensée et bonne, s'écrier à propos de Mlle de Lavalette, aidant sa mère à sauver son père : « *Petite scélérate!* » — La haine était un des éléments des premiers jours et des derniers instants de la Restauration, et certes il eût fallu plus de courage (et de justice aussi) que n'en pouvait avoir ce jeune homme, pour résister à l'entraînement universel.

. Le chansonnier suivit donc les sentiers que lui enseignait plus d'un grand philosophe ; il marcha dans l'opposition, et, pour son premier manifeste, il publia son deuxième recueil. Dans ce recueil nous ne comptons pas *la Bacchante* et *Margot*, non plus que *la Descente aux enfers* ; mais il y avait *Mon Curé* :

> Le curé de notre hameau
> S'empresse à vider son tonneau...

et le reste. Il y avait *les Capucins* ; il y avait la fameuse chanson *les Missionnaires* :

> Satan dit un jour à ses pairs...

et le refrain universel :

> Vite, soufflons, soufflons, morbleu !
> Éteignons les lumières
> Et rallumons le feu.

Il y avait *le Vieux Drapeau*, bref, toutes sortes de dangers politiques, sans compter l'outrage aux bonnes mœurs. Voilà pour le premier procès, celui de 1821. Le second procès est de 1828. Dans ces sept années, la renommée du poëte avait grandi avec sa chanson ; la royauté avait subi de rudes atteintes ; les royalistes eux-mêmes ne s'entendaient plus. Il était donc nécessaire, absolument, que l'autorité s'inquiétât de cette nouvelle et violente attaque au roi de France, à la religion de l'État. *L'Ange gardien* contenait deux couplets que la loi devait frapper :

> De l'enfer serai je habitant,
> Ou droit au ciel veut-on que j'aille ?
> Oui, dit l'ange, ou bien non, pourtant,
> Crois-moi, tire à la courte paille.

. . . .

Les infiniment petits ne valaient pas tant de colère ; il y avait cependant le refrain, qui n'était guère tolérable :

> Et les barbons règnent toujours.

C'était bien le cas de dire : « Écrivez barbons, prononcez Bourbons, » et les censeurs de la chanson n'y manquaient pas :

> Combien d'imperceptibles êtres !
> De petits jésuites bilieux !
> Des milliers d'autres petits prêtres
> Qui portent de petits bons dieux !
>
> . . . .

Il y avait enfin, dans ce même recueil, *le Sacre de Charles le Simple*, et ceci était tout simplement un crime.

> On a refait la sainte ampoule...

Et ce couplet terrible, injuste, contre un roi qui n'a jamais fait sciemment une injustice ; un prince excellent, charitable, un exemple ! A peine il revenait de Reims, tout couvert de la bénédiction de ses peuples, voici, parmi tant de cantiques, par quel couplet il fut reçu :

> Chamarré de vieux oripeaux,
> Ce roi, grand avaleur d'impôts,
> Marche entouré de ses fidèles,
> Qui tous, en des temps moins heureux,
> Ont suivi les drapeaux rebelles
> D'un usurpateur généreux...
> Un milliard les met en haleine :
> C'est peu pour la fidélité.

Le peuple en même temps s'écriait :

> Oiseaux, nous payons notre chaîne ;
> Gardez bien votre liberté.

N'allons pas plus loin ; ceci était vraiment de l'injustice (1) et vraiment de la haine, et bien des jeunes gens de cette époque, en dépit de cette rage d'opposition qui était universelle, eurent l'honneur de réclamer contre ces violences coupables. L'homme qui vous parle en ce moment fut au nombre

---

(1) Au reste, Béranger l'a dit lui-même : « Je n'eus jamais la prétention d'être innocent aux yeux de la loi. » (3 novembre 1832.)

des écrivains qui prirent parti pour le roi
contre le poëte, et, ce qu'il écrivait en
ce temps-là, il l'écrit encore aujourd'hui.
Moi jeune aussi, j'aurais dit avec les jurés :
« Oui, l'accusé est coupable. » Il est vrai
que je serais rentré dans mon logis tout
rempli d'une tristesse mortelle. Hélas ! dans
ces condamnations des poëtes et des grands
écrivains, s'il faut plaindre le poëte condamné, il faut plaindre aussi le roi malheureux au nom duquel on le condamne. Ils
sont frappés l'un et l'autre, et, plus d'une
fois, c'est le vaincu, c'est l'homme écrasé
qui triomphe. Admirez dans les prisons du
Spielberg ce jeune homme qui a descendu
naguères l'escalier de l'échafaud, entouré
de l'auréole des martyrs, pour s'enfoncer
dans les ténèbres, dans la solitude et le silence éternels. Il n'est plus un homme, il
est un mort ; ce n'est pas un caveau qu'il
habite, c'est une tombe. Tout son corps
est entouré de chaînes pesantes en guise
de linceul ; cependant, lorsqu'au bout d'un
siècle de ce supplice horrible, l'ordre du
maître absolu rend ce fantôme à la douce

lumière du jour, ce fantôme... un souffle à
peine, murmurait une prière inarticulée, un
pardon sans forme, un remords sans nom.
Eh bien, de ce remords, de cette prière et
de ce pardon, de ce cri étouffé dans les
prisons de cet empire implacable, un livre
est résulté, plein de clémence, et terrible à
ce point qu'il a renversé tous les remparts
de l'Autriche et balayé les Autrichiens de
l'Italie.

Il existe en notre prison de Sainte-Pélagie un escalier par lequel ont monté Béranger, Lamennais, Armand Carrel... Pensez donc si l'escalier tremblait sous le
poids de ces hommes : armés, celui-ci de
l'ironie et des mépris de la chanson, celui-
là des colères mêmes d'Isaï, cet autre, enfin,
de toutes les ardeurs d'une polémique et
d'une logique irrésistibles (1).

> . . . *Scandit fatalis machina muros*
> *Fœta armis.* . .

Ces deux procès politiques dont il parle

(1) « Je n'ai plus pour moi que le grand flatteur

avec tant de bonhomie et si peu de ressen-
timent ; ces luttes pour ou contre la liberté,
soutenues de ce côté-ci et de ce côté-là
par des orateurs véhéments, ici M. le pro-
cureur général de Marchangy, qui mourut
à cette peine, et, sur le banc de cette défense éloquente, le plus ferme et le plus
intrépide avocat du barreau de Paris,
M. Dupin ; si nous étudions ces deux grands
procès, non pas dans les couplets de Béranger, mais dans ses lettres intimes, aus-

de l'infortune, Béranger. Il a le culte de l'art, de
l'humanité, de la patrie. Il n'est pas descendu dans
l'abîme ; aussi est-il naïf, populaire et bon ! » (M. DE
LAMENNAIS.)

Lamennais à Béranger : « Je bénis Dieu, qui m'a
réservé cette consolation dans ma tristesse ; car j'ai
eu, comme vous le dites, beaucoup à souffrir. Bien
des gens qui m'avaient jadis serré la main, qui s'é-
taient longtemps assis près de moi, à la même table,
ont passé en disant : *Je ne le connais point !* Quelques-uns même ont cru me devoir des outrages ; mais
comment expliquer ces choses au public ?.. C'est ce
que voulaient les méchants. Après tout, on ne peut
espérer de servir les hommes sans beaucoup de travail
et beaucoup de souffrances. Qui le sait mieux que
vous, mon ami ? »

sitôt nous rencontrons (cela nous plaît et nous contente), non pas une victime expiatoire et qui se livre au sacrificateur, mais bien un homme énergique, un esprit convaincu, un véritable accusé, qui sait se défendre, et qui se montre à nous parfaitement intelligent du coup qui le menace et de la peine qui le frappe. Il a voulu la lutte, il l'a cherchée, et maintenant que l'heure est venue où il faut payer d'un fragment de sa *fortune* et de sa liberté peut-être... une chanson, le poëte va s'entourer de toutes les garanties. « Ma vie est un combat ! » disait Beaumarchais avec un certain orgueil mêlé de tristesse. Béranger n'eut que deux batailles à livrer dans toute sa vie, il les perdit ; mais, telle est la toute-puissance de l'opinion publique, il se trouva qu'en les perdant, il les avait gagnées.

La première fois qu'il parut devant la Cour d'assises, on vit accourir au Palais de Justice une foule énorme. Il en venait de tous les côtés de la ville, et du milieu de tous les partis. Béranger n'était pas encore

un martyr, mais il touchait au martyre.—
On voulait le voir, on espérait l'entendre ;
on ne savait pas à quel point il haïssait sa
personne donnée en spectacle, et comme
il savait se faire humble et petit dans une
foule où le cherchaient tous les regards.

Cependant la foule s'étant calmée, et
tout le monde à son poste, on comprit tout
de suite qu'il s'agissait réellement d'un
grand procès. M. l'avocat général de Marchangy, célèbre à la fois par le talent de sa
parole et par l'énergie irritante de ses colères, avait revendiqué les honneurs et l'im-
popularité de cette première accusation. Il
commença par reconnaître, avec une loyauté
généreuse, que la chanson française avait
conquis des libertés, chez nous, qu'il serait malséant de lui disputer ; qu'elle avait,
sinon le droit de tout dire, au moins de
dire en ses refrains, depuis déjà bien des
siècles, beaucoup de choses ; et qu'enfin la
France était habituée à cette ironie, à cette
malice, à ces piqûres innocentes dont s'é-
tait accommodé plus d'un grand ministre, à
commencer par le cardinal Mazarin : « Ils

chanteni, ils payeront ! » Bientôt cependant en présence de tant de hardiesses dangereuses, M. l'avocat général en venait à proclamer la nécessité de réprimer les témérités et les licences de ce poëme sans liens et sans frein. Il n'ignore pas que les poëtes romains poursuivaient de leurs quolibets le triomphe éclatant de Jules César, mais il veut que la chanson même rende au César ce qui est au César, et il croirait manquer au devoir du magistrat défenseur des lois attaquées, s'il ne signalait pas dans le recueil du chansonnier des couplets outrageants à la personne du roi, à la morale publique, à la religion de l'État.

Alors voilà M. de Marchangy qui dénonce à MM. les jurés plusieurs chansons dangereuses : *les Deux Sœurs de charité, les Missionnaires, les Capucins, le Vieux Drapeau...* surtout il demande une répression immédiate pour la fameuse et poétique chanson : *le Bon Dieu !* — Notez bien que toutes ces chansons qu'il attaquait, M. de Marchangy les lisait d'une voix claire et vibrante ; il savait leur donner un accent inconnu qui en faisait des œuvres toutes nouvelles et d'une incontestable cruauté, maintenant qu'elles étaient dégagées de la musique, aux notes complaisantes. — Il épelait, il expliquait la chanson à ces jurés attentifs ; il en montrait le danger, il racontait les excitations du vin, de la joie et des plaisirs, amoncelés autour d'une table où soudain des voix amies, à l'unisson de la bonne chère et des libertés de ces heures plaisantes, vont pleurer sur les malheurs de l'empire et livrer le roi nouveau aux mépris de sa nation.

Il parlait très-bien, M. de Marchangy ; il accabla l'homme accusé des plus vives louanges. Il reconnut que cette apparente simplicité cachait un grand poëte, et que ces violences populaires, écrites avec tant d'art et de goût, d'un ton si vif et si vrai, cachaient un grand poëte... un grand danger.

Bientôt cependant, quand l'émotion produite par M. l'avocat général était toute vive encore, M. Dupin, le défenseur naturel de tous les grands accusés de la Res-

7

tauration, répondit à M. l'avocat général avec le zèle et l'ardeur que soulevaient en cette âme éloquente, indignée, toutes les causes généreuses. Il parla de ce ton net, vigoureux, précis, qui lui a fait remporter tant de victoires. Vains efforts! éloquence inutile!... Pour cette première fois, *le chansonnier* fut condamné à l'amende, à la *prison*. Cinq cents francs d'amende et *trois mois de prison!* C'était en 1822, nous devons nous en souvenir; nous entrions dans notre jeunesse, et les jeunes gens qui se pressaient autour du poëte en ce temps là étaient réservés aux destinées les plus diverses. Celui-ci sera plus tard le premier ministre et celui-là le premier prisonnier de la révolution de juillet. Voici le jeune Armand Carrel, qui mourra dans un duel. Voici le fameux Paul-Louis Courier, qui mourra assassiné dans ses bois. Nous saluons le meilleur ami de Béranger, Manuel, qui sera *empoigné* au milieu de la chambre introuvable; Fontan, enchaîné comme un malfaiteur à la chaîne même d'un galérien galeux. Voici Guinard, un condamné à mort, et pardonné! Godefroy Cavaignac, le républicain, mort au plus beau moment de son rêve ; Armand Marrast, le bel esprit enseveli dans sa défaite et glorifié par sa pauvreté ; Trélat, un héros (1)! Soudain, ô vanité des peines qui ne sont pas déshonorantes, car le déshonneur seul est la peine irrémissible et dont on ne revient pas, pour tous ces opposants le poëte accusé et condamné devient un centre, un drapeau, un mot d'ordre et de ralliement ! Son premier procès en avait fait une puissance; attendez encore cinq ou six ans, laissez venir le procès de 1828, et pas un, parmi ces jeunes gens, ces orateurs, ces ministres en germe et ces conspirateurs de vingt ans, ne songera désormais à prendre le pas sur le *chansonnier* Béranger.

(1) « Mon ami Trélat, apprenez que saint Jules était un digne vétéran qui refusa de sacrifier aux faux dieux. — Qu'en dites-vous, monsieur le martyr? Vous ne vous attendiez pas à me trouver si fort sur la *Vie des saints*? Je la lisais, enfant, à ma pauvre grand'mère, et j'ai précieusement gardé ce beau livre, qui cachait beaucoup de vérités. »

V

Ce procès de 1828 était, beaucoup plus que celui de 1822, un procès considérable, et Béranger le savait bien. Il avait grandi (1), et beaucoup, dans l'espace éclatant et viril de ces six années qui nous menaient tout droit à la révolution de juillet. Son talent s'était mûri, son art s'était élevé. Il était devenu, sans le savoir peut-être, un homme politique; et maintenant son rude avocat M. Dupin lui-même est de cet avis, que trois des chansons nouvellement incriminées violaient le pacte fondamental. Cette fois le poëte est sûr d'être condamné; sans nul doute il a dépassé les libertés légales, il sera justement condamné.

(1) « Savez-vous que dans les cafés, dans les marchés, partout, on s'occupe de mon procès plus que de la Prusse, des Russes et des Turcs? »

Mais quoi ! Il est décidé à ne pas reculer devant la peine ; à l'avance, il accepte le châtiment ; seulement, comme il est habile, il veut le réduire autant que possible à des proportions supportables. C'est même un spectacle intéressant et qui mérite que l'on s'y arrête un instant, ce poëte, intrépide au delà de la loi même, débattant à l'avance chaque mois, ou, pour mieux dire, chaque jour de sa future et très-inévitable prison (1).

Lui-même, Béranger, il explique avec sa bonne foi accoutumée qu'il avait calculé toutes les chances avant de se précipiter dans cette mêlée. Il avait obtenu de M. Arnauld un humble emploi d'expéditionnaire dans les bureaux de l'instruction publique, et il tenait naturellement à cet

---

(1) *A M. Laffitte :* « Je sais qu'en prison tout est cher ; mais enfin, si ma bourse est vide, je saurai comment la remplir : vous êtes là. Je ferai alors ce que vos offres cent fois réitérées ne m'ont point fait faire encore : je vous demanderai votre argent quand le mien sera écoulé, et ce ne sera pas même sous forme d'emprunt, si votre amitié l'exige. Vous voyez que je pense à tout. »

emploi qui l'aidait à vivre... Il y renonça avant d'avoir publié ces chansons condamnées par M. Dupin lui-même :

« Il me convenait mieux, nous dit-il, de sacrifier ainsi ma place, que de publier mes volumes séditieux après qu'on me l'aurait ôtée, ce qui pourrait arriver un jour ou l'autre. Leur publication eût eu, dans ce cas, un air de vengeance qui n'allait pas à mon caractère. D'ailleurs, le parti libéral était dans le plus grand désarroi : de folles espérances venaient de s'évanouir, et les meneurs de l'opposition semblaient saisis d'une sorte de panique. Le moment était donc bien choisi, puisque l'apparition de mes volumes, longtemps attendus, et le procès que tout faisait pressentir qui devait les *dorer sur tranche*, comme je disais alors, pouvaient être un moyen de réchauffer un peu l'opinion, qu'un rien abat, qu'un rien peut relever. »

Vous voyez par ces exemples que ce deuxième et dernier procès de Béranger n'était pas fait à la légère ; au contraire, il était conduit avec un zèle, une activité, une intelligence infatigables. Ce procès at-

tristait les amis du chansonnier; il les in-
quiétait à juste titre; ils redoutaient une
énorme condamnation, et, pour tout au
monde, ils auraient voulu la réduire à ses
plus simples proportions. De son côté, le
gouvernement du roi Charles X, qui comp-
tait avec l'opinion publique, l'avait interrogée avec un certain zèle, et la réponse
avait été décourageante. En si peu de
temps, l'accusé de M. Marchangy, le client
de M. Dupin, avait conquis une popularité
victorieuse. En ce moment, partout sa
chanson était chantée, son nom était célébré, ses passions étaient partagées. Plus
cette muse en jupon court était violente,
et plus elle convenait à ce peuple enivré
des pures doctrines libérales. *Le Marquis
de Carabas, Trestaillon, la Marquise de Pre-
tintaille, les Anglais, les Prussiens, les Missionnaires, le Chant du Cosaque, les Révé-
rends Pères*, étaient désormais dans toutes
les mémoires. Ce poëte, hier encore à
peine introduit au *Caveau* des chansonniers,
il est partout aujourd'hui. On retrouvait
sa chanson infatigable dans les écoles, où

il flagellait *Saint-Acheul ;* dans les casernes,
où il célébrait *le Vieux Sergent*, *le Soldat
de la Loire* et *le Soldat laboureur ;* au seuil
des séminaires, qui le regardaient comme
l'Antechrist. Surtout il présidait par l'ironie
et par la gaieté, par l'esprit, par la bonne
humeur, par les faciles amours, par Lisette
et Madame Grégoire, la Faridondaine et la
Fortune, par Babet et Jeanneton, à toutes
les fêtes du peuple de France. Désormais
la chanson passait, ô miracle ! à l'état de
légende, et *le Dieu des bonnes gens* se pla-
çait dans la mémoire universelle de cette
Nation, à côté même de la complainte du
Juif-Errant et de *Crédit est mort, les mauvais
payeurs l'ont tué.* A ces causes, le gouvernement du roi Charles X, pour peu que le
poëte y mît de la complaisance, eût accepté
avec empressement une ouverture à se dé-
livrer de ce procès dangereux.

De son côté, le fidèle et constant ami
de Béranger, M. Jacques Laffitte, quand il
vit que le procès de 1828 s'engageait assez
mal pour le poëte, alla, sans consulter Béranger, proposer à M. de Portalis, le garde

des sceaux, une espèce de transaction par laquelle l'accusé renoncerait à se défendre, le gouvernement renonçant à la poursuite. On eût fait, comme on dit, une *cote mal taillée*, et le malheureux procès eût été étouffé par le silence! A cette ouverture, M. Le comte de Portalis, qui était un magistrat bienveillant, une intelligence attentive à ne pas froisser les supériorités de l'esprit, et qui, d'ailleurs, ne tenait guère qu'à se maintenir à son poste, n'eût pas demandé mieux que de trouver une conciliation à ce procès, ce malheureux procès qui devait donner tant de renommée au poëte, et rejaillir en même temps d'une implacable façon sur la monarchie et sur le roi, qu'il attaquait; mais il fallait, au préalable, que l'accusé consentît à ne pas se défendre; il fallait qu'il acceptât une transaction dont le premier résultat eût été de reconnaître qu'il avait tort, et de déserter, contrit et repentant, la lutte qu'il avait provoquée. Alors, le voilà qui discute, à la façon d'un avocat très-habile et très-retors, les difficultés qui se présentent de toutes part à l'annulation de la procédure commencée. — Est-ce un pardon (1)?... — Il ne veut pas qu'on lui pardonne! A-t-on pitié de lui?... Il ne veut de la pitié de personne! Est-ce donc enfin qu'on le croirait si peu dangereux qu'à tout prendre, on le laissât aller sans s'inquiéter de ses chansons? Franchement, *ces messieurs du ministère* auraient tort de ne pas compter avec un poëte aimé, fêté, chanté dans la France entière! Enfin, puisqu'il est commencé, ce procès vaut bien la peine qu'on l'achève... En ce moment, Béranger sait très-bien qu'il est un poëte adopté du peuple, et que désormais, quoi qu'il dise et quoi qu'il fasse, il faudra bien compter avec lui. C'est pourquoi il ne compromettra

(1) *A M. l'abbé de Pradt* : « Je vous assure que j'aurais été un fort bon prêtre. Je suis beaucoup plus croyant qu'on ne le suppose, et l'on ne me traiterait pas d'antichrétien si l'on ne faisait pas du christianisme un moyen politique; et peut-être aussi ne serais-je pas antibourbonnien si au droit divin, qui peut au moins faire des héros, on ne substituait, chez nous, le prestige royal, qui n'est propre qu'à faire une nation de courtisans. »

pas une position si belle et si grande par
une quasi-lâcheté; qu'on l'attaque, il se
défendra; et comme il sait qu'au bout de
sa peine il y a... la popularité, tout au
moins, il exige absolument, à ses plus
grands risques et périls, l'entière manifes-
tation de son procès.

Oui, dit-il avec un juste orgueil, je suis
maintenant *quelqu'un;* maintenant je suis
populaire, et je n'irai pas trahir mes haines,
mes amitiés et mes amours! Voilà pourtant comme il parle. Et ne trouvez-vous
pas un grand charme à cet aveu que Béranger se fait à lui-même? en dépit de sa
vraie et sincère modestie, il est le maître
absolu de la multitude! Ainsi le voilà qui
comprend enfin toute son importance, et,
depuis les jours heureux de sa persécution
jusqu'au deuil de ses derniers jours, du général Foy à M. Jacques Laffitte, ses gardes
du corps, à M. Thiers et à M. Mignet, ses
gardes-malades (« il a été un père pour
nous, » disaient M. Thiers et M. Mignet),
toute sa vie il a compris qu'il était un
homme considérable. A ce compte, il pre-

nait volontiers, partout où il se trouvait,
la première place et le premier pas ; c'était
même une des fêtes de sa présence : il en-
trait dans une maison, et, sans fausse modestie, il se mettait naturellement à sa place, et
vous n'étiez pas gêné par cette feinte hu-
milité de plusieurs de nos glorieux contemporains qui semblent, à chaque instant,
nous rappeler leur gloire, à force d'en faire
un bon marché. La simplicité même de
Béranger lui commandait cette bonne et
loyale façon de dire aux gens : « Me
voilà ! » Il écoutait bien, il parlait mieux ;
sa voix était douce et sa parole était lente ;
mais son regard était vif, son sourire ingénieux ; c'était un vrai bonheur de comprendre, à je ne sais quoi de charmant
qu'il avait dans le regard, qu'il se trouvait
bien en votre compagnie. Il attirait naturellement à son âme, à son esprit, toutes
les âmes et tous les esprits d'alentour. Sa
bienveillance était active, ingénieuse, irrésistible ; on le saluait sans le connaître.
« Oh ! moi, disait-il, je ne suis jamais seul ;
dans la rue ou dans les bois, c'est à qui me

demandera son chemin. Il faut aussi que j'aie une mine de cadran, car on ne manque jamais de me dire : « Quelle heure « est-il ? » Le premier chien perdu s'attache à mes pas, et les petits enfants me donnent la main ! »

Cette popularité, qui lui plaît et qui l'enchante comme serait charmé un jeune homme qui voit flotter, dans le char qui l'emporte, le voile de sa maîtresse, Béranger s'en vantait à M. Laffitte. Hier encore, en passant dans la rue, il a entendu une harengère et un fort de la halle qui causaient de son procès. « Ce pauvre b... de Béranger, disait le monsieur, voilà qu'ils vont le remettre en prison. — Bah ! disait la dame, c'est peut-être parce qu'il n'y a plus que Laffitte et ce pauvre b.... de Béranger qui aiment le peuple ! » Il y avait véritablement de quoi se glorifier de cette active sympathie, et nous comprenons que le bon poëte en fût tout encouragé. « Ainsi, ne craignez rien, disait-il encore à M. Jacques Laffitte, et ne me traitez pas comme un enfant malade ; au contraire, ayez bon espoir; rappelez-vous que la prison ne me fait pas peur. Je l'accepte, et si, par bonheur, je mourais en prison, voyez, mon ami, pour moi quelle gloire et pour la royauté que de repentir ! » Tant il savait que S. M. le roi Charles X ne voulait pas et n'a jamais voulu, comme on dit, la mort du pécheur.

Et puis, autre objection : il est pauvre ; il n'est guère en argent comptant (1) ; il faut beaucoup d'argent pour l'amende et pour

(1) *Dupont de l'Eure à Béranger* : « Pour moi, mon cher Béranger, je suis prêt à me montrer à vos côtés lorsque vous paraîtrez à l'audience. Disposez, non pas de mon cœur, qui est à vous depuis longtemps, mais de ma personne et de ma bourse... Voulez-vous accepter quelques mille francs ? je vous les porterai. Vous pouvez les prendre, ils vous sont offerts par ma femme autant que par moi. »

Mlle Delphine Gay, brillante de tout le vif éclat de sa poétique jeunesse, envoyait une élégie au poète prisonnier : « La poésie est généreuse, disait-elle ; faites qu'on pardonne à vos ennemis, en composant dans votre exil ces chants à la fois si joyeux et si noblement tristes dont l'homme heureux répète les refrains, que le vieux soldat écoute en pleurant, que le poète admire avec envie... »

la prison... Comment faire? A cette objection il répond par un sourire et par un
mot qui nous ferait aimer éternellement
M. Jacques Laffitte, quand bien même,
chaque jour, à la surface de la politique
ancienne et des belles-lettres d'hier, les do-
cuments les plus certains ne nous rendraient
pas les preuves authentiques de cette iné-
puisable et courageuse bonté. Ce mot
tendre et touchant, le voici : « Je n'ai pas
peur de manquer d'aide et d'appui,
monsieur Laffitte... vous êtes là! »

Vous êtes là! adressé par l'homme le
plus libre et le plus désintéressé (1) de ce
siècle au plus généreux de tous les hommes
est une parole exquise et qui se grave au
fond de l'âme. En même temps on se demande : Où donc ai-je entendu ce mot si
touchant? — Vous l'avez entendu dans
la bouche même du bonhomme La Fontaine : « Ah! monsieur de La Fontaine,
vous avez perdu votre amie, et je venais

(1) L'autre jour encore, ces trois lettres de Charles
Nodier à M. Laffitte, qui lui avait prêté cinquante
mille francs (vente Laverdet, août 1857).

vous chercher pour vous mener dans ma maison. — J'y allais, » dit l'autre à Mme de la Sablière ; et, du même pas, il alla chez Mme de la Sablière. Il y vécut, il y mourut, doucement abrité par cette amitié bienfaisante. Sa garde-malade, au lit de mort, disait au curé : « Monsieur le curé, pardonnez-lui, il est plus bête que méchant ; Dieu n'aura pas le courage de le damner. » Eh ! la bonne femme ! elle invoquait, sans le savoir, *le Dieu des bonnes gens* (1)... le Dieu de ces poëtes jumeaux : La Fontaine et Béranger.

> Et Paris tout entier doit soutenir leur gloire
> Pour défendre son jugement.

Ainsi le procès suivit son cours, parce que l'accusé le voulut absolument.

Mais aussitôt qu'il fût sérieusement entamé, ce grave et solennel procès de 1828

(1) « La Fontaine était un bonhomme, et moi je suis un homme bon, mais point du tout un bonhomme, malheureusement. » Dans son admirable lettre à M. Lebrun, un de ses meilleurs et plus fidèles amis (21 janvier 1835).

prit un aspect non moins animé, mais beaucoup plus sérieux que le procès de 1822.
Les temps étaient devenus pleins de périls
et de menaces, les cœurs s'étaient ulcérés,
les espérances s'étaient agrandies ; l'hori-
zon s'était ouvert ; la chambre introuvable
était retournée au pays des songes ; la
presse opposante avait rencontré dans le
choc de tant de passions si diverses des
accents tout nouveaux. Au premier procès
du poëte on accourait comme à quelque
drame intéressant ; au deuxième et dernier
procès, on marchait comme à l'assaut et
comme à la bataille ! En ce moment, les
royalistes et les hommes de l'opposition
comprenaient confusément qu'une révolution était prochaine. Il est vrai que, les
uns et les autres, ils ne savaient de quel
côté la révolution allait venir. Mais ceux-ci
et ceux-là étaient inquiets, pleins d'an-
goisses et dans la pénible anxiété d'un moment décisif. Tel était le présage, et tel
était le caractère de ce procès politique.
Au banc de la défense, il y avait le nouveau défenseur de Béranger, M. Barthe,

et puis M. Laffitte, M. le général Sébas-
tiani, plusieurs députés de la gauche...
M. l'avocat général Champanhet soutenait
l'accusation.

Il était habile ; il était honnête homme,
avec les passions généreuses d'un magistrat que sa conscience a poussé dans la
bataille ardente des partis. Quoi encore ?
Il ne courait ni à la satisfaction d'une autorité viagère, ni aux passagères approba-
tions de la faveur publique...; il obéissait
au devoir. Il commença par rappeler le
procès de 1822, la peine légère et l'aver-
tissement quasi-paternels infligés au poëte
incorrigible, et tout de suite il demanda,
cette fois, une répression sévère pour les
chansons nouvelles : *l'Ange gardien* atten-
tait à la religion de l'État ; *le Sacre de
Charles le Simple* était une injure à la majesté royale ; *les Infiniment petits* s'atta-
quaient aux chefs du gouvernement. En
même temps, à l'exemple de M. de Marchangy, M. l'avocat général lisait aux jurés
les passages incriminés, mais cette fois ces
couplets, prononcés dans l'accent même

d'une indignation véritable, en même temps
qu'ils donnaient à réfléchir aux défenseurs
de là société attaquée, produisaient dans
l'auditoire, obéissant aux moindres impres-
sions du poëte, l'effet de lampes brûlantes
que l'on jetterait sur des gerbes de blé.
Évidemment, depuis le dernier procès, un
changement inattendu s'était opéré, même
dans l'âme et dans l'esprit de l'auditoire :
en vain le danger était proche, en vain le
trône était miné de toutes parts, l'auditoire
était plus disposé que jamais à sourire aux
cruautés du chansonnier ; chacun de ces
spectateurs en tumulte acceptait volontiers
sa part dans ces accusations, sa part dans
ces colères. Après le procès de 1822, il y
avait encore des gens qui hésitaient et qui
trouvaient que M. de Marchangy était sévère, mais juste ; au procès de 1828, l'avocat général ne rencontra aucune sympathie :
évidemment, il avait perdu complétement
sa cause dans l'opinion publique ; la condamnation qu'il allait obtenir était perdue
à la fois pour la satisfaction de l'heure pré-

sente, hélas! et pour la sécurité de l'heure à venir.

Avec moins d'autorité, sans doute, et moins de talent que M. Dupin, M. Barthe, en cette défense de Béranger, rencontra de bonnes paroles. M. Barthe était tout rempli de la fièvre et de l'éloquence des sociétés secrètes, et quelque chose en transpirait dans son discours. Il proclama hautement que l'accusé était un galant homme, un sage ami du peuple, un généreux citoyen, et le plus cruel ennemi de l'invasion des jésuites, de la sainte-alliance et du pacte avec l'étranger. Il parla bien, mais son discours manqua peut-être d'élévation et, sans nul doute, de l'autorité magistrale qu'aurait eue M. Dupin.

Mais, Dieu merci, ce n'est pas la colère et ce n'est pas la passion des multitudes qui dictent les arrêts de notre justice. Elle obéit à des inspirations plus hautes, et ne s'inquiète guère de la foule qui gronde à ses pieds. La chanson accusée était outrageante ; la condamnation fut à la fois juste

et sévère. Béranger fut condamné tout
d'une voix. Il fut condamné à la prison
pour neuf mois, et à payer dix mille francs
d'amende. A ces mots : *neuf mois de prison,*
les amis du poëte respirèrent : trois mois
de plus, et le poëte pouvait être envoyé
à la prison infamante, à la prison de
Poissy, où j'ai vu de mes yeux, moi, l'im-
plorant, mais en vain, pour qu'il consentît
à demander grâce au roi Charles X, un
terrible écrivain, M. Fontan, confondu
avec la plus vile et la plus abjecte popu-
lace des repris de justice, entre le bagne
et l'échafaud.

Pour Béranger, il faut le dire, la captivité fut douce et la prison lui fut clé-
mente (1). Il s'y vit entouré de tant de

---

(1) C'est Béranger lui-même qui s'en explique en
ces termes : « J'ai connu des gens que la prison
effrayait : elle ne pouvait me faire peur. J'avais une
chambre chaude, saine et suffisamment meublée,
tandis que je sortais d'un gîte dégarni de meubles,
exposé à tous les inconvénients du froid et du dégel,
sans poêle ni cheminée, où, à plus de quarante ans,
je n'avais en hiver que de l'eau glacée, pour tous les
usages, et une vieille couverture dont je m'affublais

soins, de tant d'égards, qu'il se demandait parfois s'il n'était pas tombé sous le toit hospitalier de quelque ami peureux qui avait la manie étrange de verrouiller sa porte et de mettre des grilles à ses fenêtres. Le guichetier lui-même fredonnait le refrain des chansons de Béranger (le guichetier de la *Force* (1), une prison peu considérée, à la façon de cette prison de Saint-Lazare, où fut jeté Beaumarchais, que l'on ne voulait pas honorer d'un emprisonnement à la Bastille), en faisant sa ronde, avec accompagnement obligé de grosses clefs et de

lorsque, dans les longues nuits, me prenait l'envie de griffonner quelques rimes. Certes, je devais me trouver bien mieux à Sainte-Pélagie. Aussi je m'écriais qelquefois : « La prison va me gâter ! » A ceux qui, pensant à mon ex-emploi de deux mille francs, s'étonneraient de la pauvreté de mon logement de ville, je répondrai par mon axiome favori : « Quand « on n'est pas égoïste, il faut être économe. »

(1) *A M. de Kératry :*

« La Force, 12 février 1829.

« Je serai chez moi samedi toute la journée; et cependant ne venez que d'une heure à trois; mon portier n'ouvre qu'à ces heures-là. »

verrous. Ainsi, vous le voyez, il était loin
de *mourir dans les fers*, et de causer, par sa
mort, cette peine horrible au bon roi
Charles X. La prison même ne lui déplai-
sait pas ; il s'y trouvait *à son aise* et défendu
contre les importuns : « Mon ami, disait-il
à M. de Lamennais, prisonnier à son tour,
il faut qu'un prisonnier se promène et fasse
un tour de jardin pour respirer librement !...
Méfiez-vous des idées noires : nous autres,
grands et petits, chansonniers et philosophes, nous portons un encrier dans la tête,
et nous voyons tout en noir... » Béranger,
prisonnier, fut entouré de soins et d'hom-
mages ; de tous les coins de la France et
du monde arrivèrent à la Force, où il était
logé, des protestations amicales, des élégies, des lettres, des billets doux, des pré-
sents. Le chasseur, au retour d'une chasse
abondante, avait songé au prisonnier ; les
coteaux, chargés de vendanges ignorantes
encore de l'oïdium, n'avaient pas oublié le
Cantique à Brennus ! Même du fond de la
Russie, et des lieux où le poëte Ovide *était
le barbare*, on envoyait au poëte empri-

sonné une *adresse* chargée de signatures et de mille et mille respects! C'étaient là les plaisirs des heures de captivité; lui, cependant, de répondre en chantant à ces amis inconnus qui lui venaient de toutes parts :

> Grâce à votre bourriche pleine
> De gibier digne d'un glouton...
> Tonton, tontaine, tonton (1).

Ce même jour, peut-être, il écrivait à des Saumurois (Saumur, le pays d'Eugénie Grandet, et soyez sûr que le père Grandet n'était pas de la partie) une réponse aux conseils que lui avaient donnés ces bons Saumurois de prendre à l'intérieur des douches de vin de Romanée et de Chambertin, selon la formule, qu'ils envoyaient au prisonnier.

(1) « J'ai une foule de sujets qui voltigent autour de ma tête, comme des papillons de nuit autour de la chandelle, mais je n'en puis attraper aucun. Je crains que cela ne dure, car j'ai toujours observé que quand je me portais bien, j'avais peu de disposition au travail, *à moins d'être en prison.* »

Il chante ; et, quand il célèbre, avec cette grâce et cet abandon, les consolations et les douceurs de la captivité complaisante, on se dit : « Nous voilà bien loin de la lettre à M. Jacques Laffitte... » Ayez patience. Avec ce poëte inspiré, vous retrouverez bien vite le sérieux des choses sérieuses. C'est même un des grands mérites de Béranger ; son rire est toujours approuvé par la raison ; son rire est sain ; son rire est vrai, comme sa douleur est vraie. Il ne sait rien de plus bête et de plus maladroit qu'un rire insensé et sans cause. Il est de l'avis de ce sage qui disait : « L'homme rit, parce qu'il se tient droit. » C'est ainsi qu'à peine il a remercié ses consolateurs bienveillants, quand il est renfermé dans sa chambre aux grands verrous, quand la Force est plongée dans le silence et dans les ténèbres, à l'heure où la prison obéissante dort, ou fait semblant de dormir, le prisonnier, seul avec lui-même, se reporte aux moments de sa liberté perdue, et doucement il les pleure. En ce moment de relâche, il reconnaît volontiers que sa peine est sérieuse, et que tous les vins de Romanée et de Chambertin, que tous les gibiers d'Ille-et-Vilaine, et toutes les élégies des poëtes externes ne valent pas la porte sans verrous, la fenêtre ouverte et la petite chambre où tout jase, où tout sourit, où tout chante, où la douce gaieté donne une exquise saveur au brouet noir; où la pauvreté mord à belles dents sur un pain dur, et change en un vin de dix feuilles une piquette de huit jours. Pour bien exprimer ma pensée, et pour la dire en son entier, il faut me servir d'une parole étrange et que Béranger eût volontiers pardonnée : il était exempt de toute espèce... ah! comment dirai-je? oui, c'est cela, il était exempt de toute espèce de *pose!* Il haïssait, à l'égal d'un crime, le vil mensonge qui consiste à se mentir à soi-même, afin de mentir plus sûrement à l'espèce humaine. Il haïssait l'affectation et le spectacle en toute chose ; ceux-là qui l'ont accusé de se draper héroïquement sur un piédestal de sa fabrique et dans un marbre de sa façon, ceux-là ne savaient pas le premier mot et la plus naturelle vertu de ce brave homme ! Ainsi (je vais par mille détours, je le sais bien ; mais qu'importe, pourvu que j'arrive à mon but ?) quelle plainte a retenti plus touchante que *le Feu du prisonnier ?* quelle élégie à la fois plus sincère et plus saisissante a jamais récréé, la nuit, les voûtes silencieuses d'une prison ?

> Combien le feu tient douce compagnie
> Au prisonnier dans les longs soirs d'hiver !

Le Feu du prisonnier ! voilà bien l'accent d'une tristesse ingénue et bienséante, exempte de manière, exempte de toute espèce de majesté héroïque ! Il est vrai que peu de jours après cet hymne au *Feu du prisonnier,* le poëte entendait dans la rue un bruit de fête, un bruit de mardi gras, et le voilà qui soudain s'abandonne à sa douleur mêlée de colère. Et malheur à qui subira sa rancune ! une fois lancée, elle va, jusqu'au moment où le poëte, inspiré d'un meilleur mouvement, s'arrête et se prend à sourire au nom de Lisette. Alors véritablement il est irrésistible, il est plein d'une innocente gaieté, il excelle, il est charmant.

Il a fait aussi, à la Force même (hélas! prisons, que vous êtes fécondes! exils, que vous êtes dangereux! supplices, que de vengeances! bûchers, que de guerres civiles! tartufes, que de luttes et de représailles! biographes, quelle fange et quels enfers!), il a fait une chanson de *la Prise de la Bastille* :

Victoire au peuple! il a pris la Bastille!
Un beau soleil a fêté ce grand jour!

Ceci était vraiment une belle chose, et qui payait en belle et bonne monnaie un châtiment mêlé d'amende et de prison. De sa prison, il a tiré son *Ode au 14 juillet*; de ses dix mille francs d'amende, il va tirer un emporte-pièce de chansons sur l'air : *T'en souviens-tu ?*

O mon bon roi, que Dieu vous tienne en joie!

La satire est violente, et, certes, de ce
poëte, armé de toutes pièces, dont chaque
parole est un coup qui porte, on ne dira
pas ce que disait un gouverneur de la Bastille à je ne sais quel innocent qui avait
fait un mauvais pamphlet contre M. le cardinal de Fleury : « Fi ! monsieur ; quand
on n'a que cela à porter à la Bastille, on
reste chez soi. » Toutefois, jusqu'à présent,
le poëte est dans son droit : il rit, il mord,
il blesse, il châtie, il se venge... Encore un
pas, et le poëte va trop loin ; encore un
pas, et sa vengeance est plus qu'une
cruauté, sa vengeance est une injustice.
En ce moment, nous parlons de la chanson cruelle, impitoyable, et qui affligea
tous les amis loyaux de Béranger. Cette
chanson, intitulée : *le Juge de Charenton* (pu-
bliée après son premier procès), s'adres-
sait à un très-galant homme, estimé par
son éloquence, honoré par son courage,
un digne et parfait magistrat, dont la mémoire est restée en grand honneur dans
cette illustre et grande justice de Paris,
M. l'avocat général Bellart.

« Et, disait Béranger dans une note
où se montre en un vif relief tout ce grand
cœur, je ne puis m'empêcher d'avouer que,
même si javais pu condamner cette chanson à l'oubli qu'elle mérite sans doute, j'en
aurais toujours regretté le dernier couplet.»
Vous l'entendez, il se repent, il s'excuse ;
il n'a pas honte d'un désaveu que lui com-
mande, en ce moment, la force agissante
de la vérité, de la justice. Il voudrait sup-
primer la chanson contre M. Bellart, et,
même en la supprimant, il exprime un vif
regret de ses violences. A ces signes, ne
reconnaissez-vous pas un homme juste, un
esprit loyal, un poëte généreux (1)?

Cette loyauté qu'il avait pour les autres,
il ne l'a pas toujours rencontrée pour lui-
même. Il se vit exposé, même du haut de
la chaire et dans les mandements de plus
d'un évêque, à des représailles très-vio-

(1) *A M. Bérard :* « Je me suis mis à courir les
rues de Paris, sans aucune émotion, comme si je m'y
étais promené la veille, et j'en ai conclu que je vieil-
lissais furieusement, puisque le bonheur d'être libre,
après neuf mois de détention, ne me causait aucune
joie extraordinaire. »

lentes; aux environs de Péronne, dans ce
petit village où sa bonne tante l'avait
élevé, en présence de cette seconde mère,
une femme austère, une chrétienne, une
croyante, un curé trop zélé voua le malheureux Béranger à tous les feux de l'éter-
nelle damnation... « *Et ne damnons personne.* »

Cependant il n'était pas toujours aussi
calme ; il avait ses coups de boutoir ; si
par hasard, il était vraiment en colère, il
savait très-bien répondre à qui l'irritait :
« Monsieur (répondait-il à quelqu'un qui
lui avait écrit une lettre sans respect), je
suis tout à fait de votre avis, lorsque vous
vous élevez contre les ridicules louanges
que l'on m'accorde ; seulement, laissez-moi
vous faire observer que vous avez grand
tort de vous en prendre à moi, qui n'y
peux rien. Au contraire, ai-je eu le soin,
dans les préfaces de mes ponts-neufs, de
dire à quel point je m'exempte de cette espèce d'ambition qui consiste à être un grand
homme enfantant journellement des chefs-
d'œuvre. »

Encore une fois, allez donc vous attaquer à ce vrai sage. Il s'est figuré toute sa
vie, obstinément, qu'il n'avait droit qu'au
respect, et qu'on lui accordait plus de
gloire qu'il n'en méritait.

VI

Le premier vœu du lecteur, quand il a bien compris le calme et la sincérité de l'amitié que portait Béranger à M. Jacques Laffitte, est de savoir comment M. Jacques Laffitte y répondit, et si l'accent du riche et tout-puissant député était d'accord avec les voix intérieures de l'aimable et pauvre chansonnier. Disons tout de suite, à la double louange de M. Laffitte et de Béranger, que celui-ci ne devait rien à celui-là ; parfaite égalité! amitié sans nuage ! Dans leur correspondance intime, la réponse était bienséante avec la demande ; dans les rapports de l'ami à l'ami, pas un geste et pas un mot qui ne soient au gré des esprits les plus délicats, des âmes les plus timorées. De cette convenance dans l'amitié entre un homme d'État et un simple poëte, l'antiquité nous a laissé un exemple excellent : je parle ici des rapports entre Horace et Mécène. Mais, d'abord, pas une des lettres de Mécène au poëte Horace n'a surnagé de l'abîme des temps ; en second lieu, l'accent de l'ode et de l'épître d'Horace *à son ami* Mécène indique, à un degré qui ne pouvait pas convenir à Béranger, tant de reconnaissance unie à tant de soumission, tant de déférences voisines du respect... une politesse exquise, il est vrai, mais trop loin de l'égalité pour que Béranger s'en accommode, et pour que vous-mêmes, les jaloux de la gloire et de l'autorité de notre poëte, vous lui pardonniez, s'il en avait de semblables, ces adorations, trop peu voisines de l'intimité, en dépit du *jocose Mæcenas !*

Dans sa biographie écrite par lui-même, Béranger, avant de parler de M. Laffitte, a commencé par déclarer *qu'il n'a jamais aimé messieurs de la finance et leurs salons dorés.* Le premier citoyen qui l'a conduit chez Laffitte, c'est Manuel.

Il n'y a pas grande affection à attendre là,

disais-je à Manuel ; mais il y passait une grande
partie de son temps ; je l'y suivis et j'ai eu à
m'en féliciter (1). Si la position politique de
Laffitte m'a fait repousser ses offres affec-
tueuses, je ne lui en ai pas moins d'obligation
pour les services que son amitié m'a fourni
l'occasion de rendre à beaucoup de mes amis
intimes (2) et pour le grand nombre de malheureux qu'il a secourus à ma recommandation. J'ai
eu aussi le bonheur de pouvoir être utile, en de
graves circonstances, à ce grand citoyen, doué
d'autant d'esprit que d'honneur, d'autant de
bonté que d'imagination, mais dont la vive intelligence ne s'appliqua pas assez à connaître
les hommes, ce qui l'a rendu victime de plusieurs de ceux même qu'il avait comblés de bienfaits. C'est en vain, au reste, qu'on a tenté d'ac-
cumuler les calomnies sur sa vieillesse si agitée ;

(1) *A Rouget de Lisle :* « L'oubli de Laffitte de
prendre part à ma souscription m'a semblé bien
dur... »

(2) Dans le catalogue de M. Laverdet on a re-
trouvé cette lettre de Béranger : « Mon ami, prêtez
six mille francs à Bérard ; je connais Bérard et je
réponds de la dette. Il faudrait bien aussi prêter mille
écus à ce pauvre Baour-Lormian ; il en a grand besoin ; mais je ne réponds pas des emprunts de
M. Baour-Lormian. »

le bon sens populaire en a toujours fait justice :
encourageant et noble exemple pour ceux qui,
comme Laffitte, consacrent toute leur existence au service de leur pays.

Il a commis une faute que je lui ai repro-
chée bien des fois : c'est d'avoir acheté le fas-
tueux château de Maisons, séjour le plus en-
nuyeux que je connaisse, et qui ne me semblait
habitable que lorsque j'y étais avec Manuel,
Thiers et Mignet. M'y trouvant seul, il m'est
arrivé de le quitter pour aller, à travers la forêt,
dîner dans un restaurant de Saint-Germain. Je
n'ai pas oublié que dans cette demeure royale,
où cependant on montre encore la chambre que
Voltaire a longtemps habitée, je n'ai jamais pu
faire un seul couplet. Je ne suis pas né pour les
châteaux : c'est peut-être ce qui me rend injuste
envers Mansard, qu'en faveur des mansardes je
devrais cependant aimer beaucoup.

Voilà tout ce qu'il en dit. En revanche,
nous avons tenu dans nos mains plusieurs
lettres de M. Laffitte à Béranger, et nous
avons rarement lu, dans les correspondan-
ces les plus intimes de ce siècle, un accent
plus net et plus vrai. Le fils du tonnelier
de Bayonne était digne, en effet, de l'a-

mifié du neveu de l'aubergiste de Péronne. Homme d'État, député, ministre
au moment dangereux de notre histoire,
M. Laffitte a toujours été pour le peuple,
et pour son poëte Béranger, l'enfant de
ses œuvres, l'homme qui a le mieux compris ses devoirs, et marqué le plus noble
but à la démocratie nouvelle. Pour les
classes affranchies par la Révolution,
M. Laffitte était mieux qu'un chef de parti ;
il était un modèle, il était une leçon
vivante. Il faut dire aussi que la sympathie et le respect dont s'entourait
M. Laffitte avaient été singulièrement aug-
mentés par le noble et généreux usage
qu'il faisait de sa fortune. Si Béranger
l'eût voulu, il eût pu raconter à combien
de malheureux M. Laffitte avait tendu sa
main secourable, combien d'existences
abattues il avait relevées, que de fortunes
aujourd'hui brillantes il a suscitées, combien de talents tirés de la poussière, éle-
vés et fécondés pour le pays, dont ils sont
devenus la gloire et l'orgueil.

Une autre amitié, certes moins désintéressée et plus littéraire, ou plutôt une alliance inattendue, inespérée entre Béranger et M. le vicomte de Chateaubriand, occupera, sans nul doute, l'attention du lecteur judicieux, qui se méfie autant de la modestie et de la réserve du philosophe que de la vanterie et des extases personnelles d'un homme inassouvi de gloire, de science et de politique.... A coup sûr, si les *Mémoires de Chateaubriand* parlent beaucoup trop de M. de Chateaubriand, les souvenirs de Béranger sont loin d'en dire assez, et nous faisons une bonne œuvre et juste en recherchant ce qu'il oublie.

D'ailleurs, n'est-ce pas un véritable événement dans l'histoire politique et littéraire de ce temps-ci, lorsque soudain, après le coup de foudre de 1830, nous voyons l'auteur du *Génie du Christianisme* accourir, les bras ouverts, au-devant du *Dieu des bonnes gens?* quand nous voyons le père d'*Atala* demander son amitié à l'amoureux de Lisette? le premier ministre du roi de France implorer l'appui d'un homme emprisonné deux fois au nom du roi son maître ; eh ! que dis je ? un poëte épique et chrétien, un poëte en prose appelant : *mon frère !* un piètre et futile chansonnier ? Voilà le miracle, et ce miracle, il se manifeste, en toute occasion, chez M. de Chateaubriand (1) ; il se manifeste avec une telle ardeur, et dans un si grand excès d'admiration, de zèle et de dévouement à Béranger, que sa fameuse et très-éloquente plaidoirie en l'honneur de Mgr le duc de Bordeaux (2), il la *dédie* (il n'y a pas d'autre mot !) au plus cruel ennemi de cette Restauration dont lui-même, M. de

(1) *Chateaubriand à Béranger* : « Eh bien, monsieur, ma chanson ? Je pars ; si vous voulez que je revienne, il faut bien que j'emporte vos ordres... Hyacinthe est chargé de vous faire mes *sommations respectueuses* et de réclamer mon *trésor*. » (14 septembre 1831.)

« Je reviens aux ordres de votre Muse ; elle a vaincu. »

(2) *De la nouvelle proposition relative au bannissement de Charles X et de sa famille, ou Suite à mon dernier écrit :* DE LA RESTAURATION ET DE LA MONARCHIE ÉLECTIVE, par M. de Chateaubriand. Paris, Le Normant fils, octobre 1831.

Chateaubriand, avait été le plus dévoué, le plus glorieux et le plus sonore écueil.

Encore une fois, l'étrange événement, cette dédidace à Béranger d'un pamphlet destiné à maintenir le roi Henri V dans les droits de sa couronne! On n'a pas assez remarqué cette anomalie : elle est toute à la louange, elle est toute à la gloire du chansonnier. Comment donc, le dernier jour des trois journées, quand la monarchie est en fuite, quand la dernière voile royaliste attend le vieux roi à Cherbourg, à ce moment suprême où la France entière est couverte des débris de toutes les choses que M. de Chateaubriand avait annoncées, bénies et ramenées ; quand huit jours ont suffi pour briser le trône antique et l'ancien sceptre, et pour chasser l'enfant qui porte à son front un diadème impérissable de mille années, voilà M. de Chateaubriand qui s'occupe à se faire aimer, défendre et protéger du chansonnier Béranger !

En même temps, quand Béranger triomphe et quand sa chanson vole, hurlante, et de bouche en bouche, avec *la Marseillaise*, sa grand'mère, de la voix des peuples à l'oreille des rois, soudain ce Paris sans trône et sans autel, sans roi et sans Dieu, cherche à porter en triomphe.... un homme.... honoré à tous les titres d'une profonde et sincère affection; ne trouvez-vous pas miraculeux que l'homme emporté par ce triomphe aux cent mille têtes, aux deux cent mille bras, ne soit pas Béranger, vainqueur de la Restauration, mais bien M. le vicomte de Chateaubriand, le vaincu du peuple, et le vaincu de cette nouvelle révolution? Encore une fois, n'est-il pas étrange, incroyable et merveilleux, que l'on célèbre en ce moment, au dernier jour des trois jours de 1830, dans la France qui se venge et qui a peur, non pas la chanson triomphante, l'éclatante et glorieuse chanson des victoires et conquêtes de la grande révolution, mais *le Génie du Christianisme*, le poëme oublié, le poëme des premiers jours du moyen âge et de l'Église militante (1)? Admirez ce-

(1) *Chateaubriand à Béranger* : « Vous avez la

pendant ce superbe et glorieux Béranger, qui se cache en ce moment de son triomphe et se dérobe à l'ovation ; étonnez-vous en même temps de M. de Chateaubriand, de ce vaincu que le peuple a rencontré au milieu de sa propre ruine, et que le peuple emporte en criant : *Vive Chateaubriand!...* uniquement parce qu'il faut que le peuple, en ses moments de fièvre et de délire furieux, crie, emporte et ruine ou sauve un homme, une idée, une passion.

Béranger et M. de Chateaubriand, l'un

tyrannie des Romains, vous parez les vaincus destinés à marcher devant votre char de triomphe, et vous chantez mieux que jamais du fond de vos années... Dans votre enfance je vous ai fait chrétien, je vous réclame comme ma brebis égarée..... Vous me parlez gracieusement de ma muse. Hélas! ma muse n'est plus qu'une vieille qui loge au cinquième et qui épuise ses forces à approprier le grenier de la Restauration déménagée. Mais tandis que cette vieille Jeanneton habitait le premier étage, elle n'a pas fait les fredaines de votre *jolie balayeuse :* c'était une dame laide et triste qui montait et descendait selon les caprices du maître de la maison... Mon admiration pour vous croît avec mon attachement. »

et l'autre, ils avaient trop d'esprit et trop
de sens politique pour être un seul instant
les dupes complaisantes de ce triomphe
absurde ; ils savaient bien que pas un
d'eux, ce jour-là, n'avait été à sa place ;
ils savaient, Béranger que ce n'était pas à
lui à se cacher dans la foule, M. de Chateaubriand que ce n'était pas à lui à se
faire porter par le peuple. Heureuse-
ment que le premier aimait aussi peu le
bruit, le tumulte et l'ovation que le second
les appelait, les recherchait, les espérait.
Toutefois, M. de Chateaubriand, comme
il tenait à ce triomphe imprévu plus que
l'on ne tient d'ordinaire à une gloire méritée, se dit à lui-même que, pour qu'il
restât le paisible possesseur de son ovation du 29 juillet 1830, sur le Pont-Neuf,
il fallait absolument que Béranger con-
firmât, par son consentement, cette première surprise du dernier jour de la révolution de 1830. A cet arrangement, qui
plaisait tant à M. de Chateaubriand, Béranger consentit de la meilleure grâce, et
il écrivit une chanson qui était alors une

apothéose de M. de Chateaubriand :

Chateaubriand, pourquoi fuir ta patrie ?

Enfin, pour tout dire en un mot, Béranger s'efforçait de prouver au peuple de Paris, qui déjà ne pensait plus à son caprice du 29 juillet pour *le Génie du Christianisme* et *les Martyrs,* qu'il avait une raison de porter M. de Châteaubriand en triomphe, et Béranger, certainement, faisait en ceci un acte de bonne et gracieuse courtoisie (1). Oui, mais M de Chateaubriand avait-il vraiment le droit d'accepter, disons mieux, de mendier un hommage à ce point dangereux à sa bonne

(1) *Chateaubriand à Béranger :* « Ne brisez pas votre lyre, je lui dois un de mes titres les plus glorieux au souvenir des hommes... Faites encore sourire et pleurer la France, car il arrive, par un secret de vous seul connu, que dans vos chansons populaires les paroles sont gaies, le rhythme est plaintif. »

Ch. à B. : « J'attends vos dernières chansons avec la dernière impatience, et parfois une lettre de vous pour me consoler dans mes montagnes. Puisque vous êtes chrétien, faites œuvre de charité. »

renommée de royaliste et de chrétien, et
si contraire à la conduite qu'il devait tenir, aux opinions qu'il devait manifester
en ce moment, lui, M. de Chateaubriand,
le royaliste et le chrétien, quand son roi
est en fuite, et quand madame la Dau-
phine est rentrée en son exil éternel? Voilà
pourtant comment tourne la vie! Un rien
suffit à bouleverser toute une conduite, à
déranger tout un événement! Il change en
factieux un gentilhomme, un chrétien, un
seigneur, un premier ministre, un royaliste, pendant que le chansonnier, l'accusé,
le condamné, le démissionnaire et le factieux, fait si bien, qu'il passe inaperçu
dans sa victoire; sa première action publique est de se dérober au triomphe et
de céder son propre triomphe au vaincu.

Et, comme on demandait compte à
Béranger, c'est-à-dire à l'enfant de Voltaire et de la chanson, comment il s'était
pris de cet amour soudain pour le fils des
croisés et du poëme épique, il répondait
que M. de Chateaubriand « l'avait jadis
honoré de marques d'intérêt et d'estime,

et qu'il en fut vivement réprimandé par les
organes du pouvoir auquel la France était
livrée ! » Il se souvenait aussi que M. de
Chateaubriand « avait consacré quelques
pages pour immortaliser ses chansons. »
Telles étaient les explications du généreux
poëte. Il savait cependant le malaise et
les incertitudes lamentables du grand écrivain qui venait se mettre inopinément à
l'abri de sa gloire, et que, lui, Béranger,
il recouvrait d'un pli de son manteau.
Même il n'eût pas deviné tout d'abord la
prudence et le calcul de M. de Chateaubriand, que celui-ci les eût dévoilés aux
regards des moins attentifs. M. de Chateaubriand excellait, en effet, à reproduire
à toute heure, en toute occasion, les paroles dites à sa louange et les faits racon-
tés à sa gloire ; il y pensait sans cesse, et
sans cesse il y revenait avec une inépuisa-
ble obstination qu'Armand Carrel avait
parfaitement exprimée : « On n'est pas
plus habile que M. de Chateaubriand,
disait Armand Carrel, à reteiller ses chè-
nevottes. »

C'est ainsi que toute la préoccupation de M. de Chateaubriand, après le dernier des trois jours de 1830, et même avant de savoir ce que son roi était devenu et ce que la tempête avait laissé de la monarchie et de la race auguste, fut de raconter son triomphe à qui voulut l'entendre et de réciter la chanson que Béranger avait écrite à sa louange. Voilà donc comment et voilà donc pourquoi, dans une aussi grande aventure, à propos de cette énorme question « du bannissement perpétuel du roi Charles X et de sa famille, » M. de Chateaubriand dédiait son admirable plaidoirie... à Béranger.

« J'imprime, disait-il, en tête de cet écrit, ma réponse littéraire aux stances de M. de Béranger ; elle servira d'introduction à ma réponse politique. »

En vérité, ce dut être un étonnement bien profond et voisin de l'épouvante, lorsque, S. M. le roi Charles X et S. A. R. madame la duchesse d'Angoulême, ouvrant cette brochure éloquente, où leurs dernières espérances étaient contenues, le premier nom qui se présenta à leurs yeux éblouis... fut le nom de Béranger !

Mais, puisque nous en sommes *aux étonnements* de cette aimable et bienveillante *biographie* écrite avec tant de calme et de simplicité, dans un ton si modeste et si vrai, que dira le lecteur lorsqu'il va rencontrer dans les papiers que l'humble chansonnier ne montrait à personne et dont il aurait pu se vanter à tout le monde, les deux lettres que voici et que nous donnons sans commentaires? Elles se commentent d'elles-mêmes ; elles seront, plus tard, un titre de gloire pour les deux princes qui s'adressaient au poëte, celui-ci voisin d'un trône où la mort impitoyable l'empêcha de monter, celui-là dans les abîmes qu'il devait traverser, comme une épreuve, avant d'arriver à ces hauteurs qu'il entrevoyait du fond même de sa prison :

Lettre du duc d'Orléans à Béranger.

Une bonne œuvre, et indiquée par vous, monsieur, est un double plaisir pour moi. Votre protégé devient le mien, et je serais heureux si, pendant votre séjour à Tours, je pouvais causer de ses intérêts avec vous. Vous êtes, permettez-moi de vous le dire, une de mes plus anciennes connaissances : il y a déjà plus de vingt ans que vos chants m'apprenaient (et quelquefois même aux dépens du latin) à aimer, à connaître la France.

Croyez-moi, monsieur, votre affectionné,

FERDINAND-PHILIPPE D'ORLÉANS.

Louis-Napoléon Bonaparte à Béranger.

Fort de Ham, 18 octobre 1842.

Monsieur, la lettre que vous avez bien voulu m'écrire est venue faire trêve à mes chagrins et me réjouit le cœur. J'ai été vivement ému en voyant l'écriture de l'homme populaire qui célébra en sublimes chansons les gloires et les malheurs de la patrie. Votre nom a rappelé à ma mémoire les douces émotions de mon enfance, alors qu'assis en famille nous récitions, mon frère et moi, devant ma mère. attendrie, ces beaux vers qui, s'élevant à toute la hauteur de

votre génie, retombaient comme une massue
sur la tête des oppresseurs.

Je suis heureux d'apprendre que mes divers
écrits aient mérité votre approbation. Je n'aurai pas encore trop à me plaindre du sort, si je
parviens à prouver que j'étais digne du lieu et
du pays où je suis né, et si je m'attire dans ma
captivité l'estime et la sympathie des hommes
comme vous, qui savent par eux-mêmes que le
malheur n'est pas plus un crime que la fortune
n'est une vertu.

Recevez, monsieur, l'assurance de ma haute
estime et de mes sentiments distingués.

NAPOLÉON-LOUIS BONAPARTE.

Ah! ces deux lettres! elles étaient en-
fermées celle-ci dans celle-là; on eût dit
les deux sœurs qui s'abritent sous le toit
paternel.

Au milieu de ces révolutions qui passent, et qui s'arrêtent sous les fenêtres du
chansonnier, pour lui demander ce qu'il
lui convient de prendre et de choisir dans
ces débris, dans ces ruines? puisque aussi
bien le poëte avait résolu de refuser toute

espèce d'honneurs et de fortune (1), et
comme il chantait toujours :

Chers amis, laissez-moi, de grâce,
Laissez-moi dans mon petit coin,

il y avait, tout au moins, une fortune bienséante avec sa modestie, un honneur qu'il
pouvait accepter glorieusement, et qui l'eût
laissé sans reproche et sans peur. L'Académie française attendait Béranger; bientôt elle l'avait appelé ; volontiers même
elle l'eût prié, semblable à la toute-puissance suppliante, à qui l'on n'a rien à refuser. Qui que nous soyons, petits ou
grands, inconnus ou célèbres, parlons avec
respect de l'Académie. Elle assistait courageuse aux plus cruelles tempêtes, elle a
subi les plus terribles orages; encore, aujourd'hui, après tant de gouvernements

(1) « il y a dans ma situation de républicain tra-
vaillant à faire un roi, par intérêt patriotique, par
calcul de raison, une étrangeté qu'il fallait sanction-
ner par une vie désintéressée qu'on s'obstine à méconnaître. »

emportés dans l'abîme, elle est restée un refuge, un abri. C'est la plus ancienne de toutes les institutions abolies, et cependant la voilà vivante encore. Elle a tout subi, tout supporté ; elle a fait des choix indignes..., elle a recruté des hommes qui l'ont trahie, outragée et reniée... Soudain la voilà qui se relève et qui resplendit d'une clarté inattendue. Aux événements vraiment glorieux elle ajoute un peu de gloire; aux vaincus, elle prête une auréole ; elle donne à tout le monde, elle n'ôte à personne ; et même ceux qu'elle accable injustement de ses rigueurs, elle ne les laisse pas tels qu'ils étaient avant qu'ils eussent supporté ses refus. Diderot, l'auteur de *la Métromanie*, et l'auteur de *Tartuffe;* hier encore Honoré de Balzac... Soudain, par une distinction déjà rare, toutes les voix vont répondre : «—Ils n'étaient pas de l'Académie ! » Allez encore, et nommez La Rochefoucauld, l'auteur des *Maximes*, René Lesage et M. de Lamennais, aussitôt chacun d'ajouter : « Ils ont refusé l'Académie ! » Ainsi de l'Académie, un refus est une distinction qui se compte, et c'est déjà un certain honneur d'en avoir été éconduit.

C'est pourquoi le peuple entier, le peuple *d'en haut*, et même le peuple *d'en bas*, à chaque vacance et d'une voix unanime, aimait à proclamer Béranger, le *chansonnier* Béranger, membre de l'Académie française! Et plus l'académicien qui venait de mourir était illustre, et plus les voix étaient nombreuses qui envoyaient Béranger à l'Académie. Il est même arrivé plusieurs fois que, dans les élections académiques, le nom de Béranger sortit de l'urne indécise; et que sait-on? Si de l'urne interrogée était sorti, d'une unanime élection, le nom de Béranger, pensez-vous qu'il eût refusé cet insigne honneur d'une élection pàr enthousiasme? Au moins eût-il été bien en peine et bien malheureux! Que faire alors, et comment échapper à cet honneur, qu'il refusait toujours? Mais les lois de l'Académie étaient un obstacle à cette élection improvisée. Elle se souvient que, dans les premiers jours de son origine, elle avait nommé... (le nom m'échappe, et l'Académie elle-même ne sait plus ce nom-là); bref, elle fut refusée, et désormais elle se promit bien qu'on ne la refuserait pas deux fois.

Mais, si l'élection par acclamation (comme on dit que plus d'un cardinal a été nommé souverain pontife) a manqué à Béranger, les prières et les caresses ne lui ont pas manqué. Il faudrait chercher bien au fond de l'Académie pour rencontrer un de ses membres qui n'ait pas dit à Béranger : « Présentez-vous ! » M. de Chateaubriand lui-même est le premier qui lui en ait écrit une lettre irrésistible, au mois d'avril 1830, bien avant la révolution de juillet : « ..... Restez donc *chansonnier*, puisque vous le voulez, comme La Fontaine a été *fabuliste*, écrivait M. de Chateaubriand ; mais pourquoi ne seriez-vous pas académicien comme La Fontaine ? Je ne sache pas qu'il y ait rien de plus immortel que lui, parmi les quarante immortels. » En même temps, il lui répétait qu'il avait élevé *la chanson jusqu'à la gloire !*

Plus d'une fois même, on avait entendu murmurer dans la foule qu'il fallait, de force ou de gré, que Béranger fût de l'Académie ! Un jour, comme on voulait inaugurer la statue de Molière sur la fontaine de la rue de Richelieu, les jeunes gens des écoles furent chercher Béranger jusqu'à Passy, en disant qu'après avoir inauguré le monument de Molière, ils le porteraient à l'Académie. Aussitôt dit, aussitôt fait, et les voilà, ces entêtés, qui se mettent en route, en disant que le seul Béranger est digne de couronner l'unique Molière... Or, tenez pour certain que s'il les avait laissés faire, ils l'auraient fait comme ils le disaient ; mais il n'attendit pas ces étranges électeurs, et, quand cette émeute juvénile se présenta chez le poëte... il n'était pas dans sa maison.

On retrouvera, parmi les lettres de Béranger, la très-belle lettre qui lui fut écrite par l'auteur de *Marie-Stuart*, M. Lebrun, le plus conciliant de tous les hommes. Béranger aimait M. Lebrun de vieille date ; il aimait ce bel esprit si juste et si vrai; l'un et l'autre ils se voyaient très-souvent.

« Il était temps, disait M. Lebrun à Béranger, de rendre à l'Académie les déférences qui lui étaient dues, de se présenter à ses suffrages, d'accepter ces amitiés glorieuses; » en un mot, l'académicien parlait tout à fait comme il fallait parler à ce rebelle aux honneurs qu'il avait le mieux mérités. La réponse de Béranger à ces propositions, dont il se trouvait parfaitement honoré, est une des plus belles et des plus glorieuses pages qu'il ait écrites. « Non, dit-il, je ne suis pas fait pour les honneurs littéraires. Encore une fois, je ne suis qu'un chansonnier, et la chanson (1) n'aura jamais son franc parler à l'Académie. On dit, aujourd'hui que je ne suis pas de l'Académie : « Il fait des odes ! » Je serais demain *un des quarante* : « Ah! fi! dirait-on, un faiseur de chansons! » Et puis

(1) « Ceux qui disent aujourd'hui de mes chansons que ce sont des odes seraient les premiers à crier que je n'ai fait que des chansons, et que c'est peu de chose une chanson. »

l'Académie impose des devoirs; or, Béranger n'accepte aucun devoir imposé. La Fontaine était un bonhomme; or lui, Béranger, il n'est pas un bonhomme; il est un homme assez bon, mais quinteux, difficile à vivre et souvent assez triste; enfin, il ne se sent pas fait pour une si belle et si bonne compagnie.

Et tant pis pour ceux qui, ne voulant pas entendre à mes justes refus, s'écrieront : C'est de l'orgueil! Les sots me croient donc bien sot ? Hélas! vous savez, mon cher ami, la piètre idée que je me suis faite de mon mérite littéraire, et c'est en toute sincérité que j'en ai parlé dans la préface de mon dernier volume. Plût au ciel que je fusse de l'avis de mes amis sur mes ouvrages, je n'ai que le sentiment (mais je l'ai bien) de l'utilité dont je fus à la noble cause que j'ai défendue, et ce sentiment-là ne me donne pas de vertiges. Or, il n'y a qu'un homme frappé de vertige pour méconnaître l'importance de l'Académie française, qui, si elle le veut, est appelée à de si hautes destinées, et qui réunit un grand nombre de nos hommes illustres, auxquels demain peuvent se réunir toutes les illustrations qui brillent en dehors d'elle. Comment !

N'avez-vous pas encore le fauteuil de Corneille et de Bossuet, de Voltaire et de Montesquieu ? Et Cuvier ne fait que de sortir de vos rangs !

Et plus loin, quand il s'est bien expliqué sur sa profonde horreur de montrer sa personne en public, sur son amour de la retraite et de la vie à l'ombre, et sur sa résolution bien formelle de ne pas se soumettre à sa réputation, au contraire de lui commander et de la dominer, il ajoute avec une grâce irrésistible :

Mon ami, laissez-moi dans mon coin, qui n'est pas celui du misanthrope. Si des journaux querellent l'Académie parce qu'elle ne me nomme pas, veut-on que je leur écrive que l'Académie n'a pas tort, et qu'un corps semblable se doit d'attendre que l'on sollicite l'honneur d'être admis dans son sein ? Dictez tout ce que vous voudrez, j'écrirai ; mais, pour Dieu ! détournez les amis que je puis encore y compter (hélas ! j'en ai déjà beaucoup vu disparaître !) de tenter de m'y faire entrer par une voie inusitée. Oui, mon cher Lebrun, si je savais que l'on pût me nommer sans que je me misse sur les rangs, j'aimerais mieux sur-le-champ faire à chacun de vous dix visites, même à l'archevêque, et j'irais dès six heures du matin (il fait pourtant bien froid!) attendre à la porte de votre secrétariat pour me faire inscrire. Une nomination non sollicitée! y pensez-vous? Vous figurez-vous une entrée triomphale plus écrasante pour ma pauvre réputation? Empêchez cela, je vous prie, et lisez ma lettre à vos messieurs, si vous le jugez nécessaire. Mais je suis fou! Cette crainte est chimérique. Non, jamais l'Académie française ne voudra descendre ainsi de sa haute position devant un poëte de guinguette. Comment ferait-elle pour moi ce qu'elle n'a pas fait pour le divin Molière? Je ne suis qu'un chansonnier, messieurs; laissez-moi mourir chansonnier.

Voilà les principaux passages de cette lettre admirable qui sera déposée, inévitablement, dans les archives de l'Académie, au premier rang de ses titres de noblesse, et les plus rares et les plus chers. Nous avons eu sous les yeux, nous avons tenu dans nos mains ce testament académique, où Béranger parlait de ses profonds regrets de ne pas appartenir à l'Académie... A

ces mots : *profonds regrets*, Béranger avait
ajouté, de sa main, une petite note aimable, et gaie, et cette note vaut la peine
qu'on la relève : « Je n'ai pas mis, disait-il,
ce dernier passage dans la lettre adressée
à mon ami Lebrun, parce que ce passage
aurait pu augmenter en lui la bonne envie
qu'il avait de me faire nommer ! »

Cette lettre (et tous les bons esprits en
jugeront ainsi) est une œuvre excellente,
et dans la forme et dans le fond. Elle est
juste, elle est vraie ; elle dit tout ce que
Béranger devait dire : elle proclame hautement ses déférences et ses respects pour
tant d'hommes, à bon droit honorés et
célèbres, qui se faisaient un grand honneur de le recevoir en leur compagnie. Il
est content de l'honneur qui lui est offert,
et cet honneur, il l'accepte avec joie, avec
reconnaissance, il en est fier ; ce qui lui
fait peur, *c'est l'uniforme* : « un habit
brodé, une épée, un chapeau à plumes, et
la visite obligée à ces mêmes Tuileries
dont il a cassé les vitres. »

Il déclare, en même temps, qu'il ne

veut pas exposer ses chansons, ses filles
chéries, au blâme, au reproche, au débat
public... Ici, encore, il se forge une opposition qu'il n'eût pas rencontrée. Il n'avait
plus, à ce moment de sa vie et de son
œuvre, que des louanges à recevoir, tant
la France entière avait fini par croire à la
sincérité de cette incroyable modestie, à
cette merveilleuse abnégation! Quant à sa
renommée, il convient, et la chose est
heureuse, qu'il est l'ami de sa renommée ;
il y tient, comme à sa meilleure, à sa plus
fidèle récompense ; il la protége, il la dé-
fend ; il serait très-malheureux s'il venait à
la perdre : elle est sa gloire, elle est sa
force... Eh bien, à aucun prix, il ne voudrait être l'esclave même de sa gloire ; et
plus il l'aime, et plus il faut qu'elle lui soit
obéissante et docile! Il ne lui fera pas le
sacrifice d'aller à l'Académie en épée, en
habit brodé, en bas de soie, en *marquis!*

Ceci est encore un illustre et grand
exemple de l'autorité de l'Académie française, que pas un de ses membres les plus
fidèles, les plus exacts, les plus glorieux

d'appartenir à ce corps illustre, ne se soit
montré dévoué à sa gloire autant que ce
chansonnier, qui refuse obstinément l'honneur qu'on veut lui faire. Ah ! le rustre !...
ah ! le câlin ! Que son refus est énergique
et plein de grâce, et comme il se récuse
en s'inclinant ! Quelle énergie à repousser
ces belles avances, et quelle fête intime à
les recevoir ! Enfin, comme en cette circonstance importante de sa vieillesse il est
tout à la fois obéissant à la reconnaissance
et fidèle à sa propre volonté !

Supposez, cependant, que tant d'amitiés
illustres, tant de louanges sincères aient
vaincu sa modestie, et qu'il eût surmonté
ces terreurs de la personne en spectacle,
de l'épée et de l'uniforme, et du discours
public... Son discours était fait ; en ajou-
tant un seul mot à sa lettre adressée à
M. Lebrun, sa lettre aussitôt devenait un
discours, digne des plus loyales et des
plus éloquentes paroles que l'Académie ait
jamais entendues. « *Messieurs*, eût-il dit,
j'ai trop longtemps hésité... » Et toute la
lettre eût suivi. Quel succès eût obtenu ce

beau passage à propos de la reconnaissance et de la fidélité, et le passage à propos de ces liens académiques, si dignes
qu'on les respecte, et sa parole en parlant
du bonhomme La Fontaine! On eût aussi
très-applaudi sa louange exquise de la
pauvreté, bonne conseillère, et ce monde
où il passe en curieux; ces amis « trop
hauts pour moi, dont je me tiens éloigné, »
et cette nécessité, pour ceux qui ont beaucoup souffert, « d'être sages dès le grand
matin(1)! »

Ce qu'il avait refusé au parti libéral
pendant la bataille ardente des partis,
avant la révolution de juillet, Béranger le
refusa obstinément après la révolution de
juillet. « Je l'ai traitée, disait-il, comme
une puissance qui peut avoir des caprices
auxquels il faut être en mesure de résister! »
Dieu sait pourtant que les tentations n'ont
pas manqué autour de ce brave homme.
On le voulait avoir à soi et retenir par de

_____

(1) « Ah! j'ai eu un beau moment. J'ai dit souvent qu'alors j'aurais fait un maréchal de France...
aujourd'hui je ne pourrais pas faire un caporal. »

belles récompenses ; un peu parce qu'on l'aimait, et beaucoup parce que sa présence au milieu des parvenus de la politique eût été une excuse à bien des parvenus du lendemain. Partager avec Béranger, c'était le rêve de tous les gens habiles ; ils auraient voulu se légitimer eux-mêmes par cette grande adoption.

« Aux jours de ma jeunesse, on m'offrait beaucoup pour ma beauté ! Dans mon âge mûr, on m'a beaucoup plus offert pour ma conscience ! » Ainsi parlait M***ᵉ de Lenclos. « Une cabale *décorée* d'un nom pareil !... » disait le duc de Saint-Simon en parlant de M. le duc de Montausier... C'est ainsi que toujours et partout l'histoire est la même, et vous verrez que l'ambition obéit aux mêmes lois : chercher en haut des complices de sa propre fortune, afin qu'elle vous soit pardonnée. Béranger a vu ces piéges, il a compris ces empressements ; il n'était la dupe de rien, ni de personne, et pas même de ses parasites (Horace aussi avait ses parasites). Béranger, quand on le trompait, c'est que véritablement il y aidait lui-même.

Hélas! de quel sourire et de quelle pitié il écouterait aujourd'hui les détails, les confidences et les *mémoires* dont il est devenu le sujet! Les faiseurs de livres en ont fait toutes sortes de contes ; les caillettes en ont tiré toutes sortes de révélations sentimentales! Et de même qu'il a été couvert d'injures jusqu'à l'absurde, on l'a couvert de fantaisies jusqu'à l'hyperbole. Il nous semble, aujourd'hui qu'il est mort après vingt ans de calme et de méditation studieuse, que l'opinion politique de Béranger ne peut pas faire un doute ; il est mort comme il a vécu, l'ami d'une saine et vigoureuse liberté.

Nous avons sous les yeux une lettre précieuse, écrite de Passy même en 1833, trois ans après la révolution de juillet, et cette lettre, adressée au prince Lucien Bonaparte, son premier protecteur, est empreinte des sentiments qu'il a manifestés toute sa vie et jusqu'à son dernier soupir.

« Une indisposition à laquelle il est fort sujet, *d'horribles douleurs de tête,* » l'ont

privé pendant plusieurs jours du plaisir de
répondre au prince Bonaparte, qui lui demandait tout à la fois des conseils littéraires et des conseils sur la politique du
temps présent ! Hélas ! le *temps présent*
commence à donner un démenti aux opinions politiques du poëte. Naguère encore
on le consultait, mais depuis que la nouvelle royauté prend une certaine force, on
ne le consulte plus que pour la forme, et
c'est pourquoi, dit-il avec sa grâce accoutumée, *il a fermé son cabinet de consul-
tations.* Cependant, si l'on a cessé de s'inquiéter de sa pensée, il n'a pas cessé de
parler des affaires présentes :

Et j'ai dit, en effet (voyez la prophétie), à
plusieurs reprises, que la situation actuelle pouvait durer dix ans, peut-être plus !

Les sages, disait-il encore au prince Lucien,
m'ont également accusé de folie sous la Restauration ; nos jeunes gens, malgré les événements
qui, depuis deux ans, ont confirmé mes pro-
nostics, n'en sont pas plus disposés à croire à
mes prophéties ; je ne les en estime pas moins :
ils accomplissent leur mission ; la mienne n'est

plus que de prêcher dans le désert, et c'est un sot rôle.

Un peu plus tard, ce généreux et libéral plaidoyer *pour sa maison* et pour les libertés de sa maison, Béranger le complète en répondant aux bonnes gens qui l'accusent d'adorer un Dieu de tabagie et de cabaret, d'être un homme *impie et sans mœurs!*

Mais quoi! sa réponse est partout : dans ses chansons, dans sa vie et dans sa mort! Et si nous la cherchons dans ses lettres intimes, au fond de sa tombe, écoutez cette réponse admirable, irrésistible, et dites-nous si vraiment ce ne sont pas là tout à fait les *paroles d'un croyant* :

Il faut pourtant que je vous dise (1) que moi, qui suis de ces poëtes « tombés dans l'ivresse des sens, » mais qui sympathise même avec le mysticisme, parce que j'ai sauvé du naufrage une *croyance inébranlable,* je trouve la vôtre un

(1) Lettre adressée à M. Sainte-Beuve, à propos de ses doux poëmes : *les Consolations.*

peu affectée dans ses expressions. Quand vous vous servez du mot *seigneur*, vous me faites penser à ces anciens cardinaux *qui remerciaient Jupiter et tous les dieux de l'Olympe* de l'élection d'un nouveau pape. Si je vous pardonne ce lambeau mythologique, jeté sur votre *foi de déiste*, c'est qu'il me semble que c'est à quelque beauté tendrement superstitieuse que vous l'avez emprunté par condescendance amoureuse. Ne regardez pas cette observation comme un effet de critique impie, *je suis croyant*, vous le savez, *et de très-bonne foi*, mais aussi je tâche d'être vrai en tout, et je voudrais que tout le monde le fût, même dans les moindres détails, c'est le seul moyen de persuader son auditoire...

Et plus loin, qui donc lira sans une intime émotion les belles lignes que voici : « Mettez votre confiance en Dieu, c'est ce que j'ai fait, moi poëte de carrefour et de mauvais lieux, et un tout petit rayon de soleil est tombé sur mon fumier !... » Le fumier d'Ennius, tout rempli de perles et de diamants, dont Virgile faisait son profit !

Lisez en même temps cette page tou-

. chante où il explique à sa façon la grâce et l'utilité de sa vie et de son labeur :

Moi aussi j'ai connu le malheur, mais, regardant en arrière, je vois que je n'ai pas toujours été inutile à mes semblables ; il en est encore avec qui je partage le morceau de pain que je ne dois qu'à mon travail. Ajoutez que les amis ne m'ont jamais manqué, et que ma raison, plus forte que ma santé, m'a aidé à diriger mon frêle esquif, à braver flots et tempêtes, sans faire naufrage à mon honneur et à mon indépendance. Il y a bien encore des tracasseries à subir, quand ce ne serait qu'avec ma bourse toujours si mal garnie et toujours insuffisante, quelque privation que je m'impose, habitant une mansarde, sans *bonne*, et vivant à peu de frais !...

Il répond encore, et surtout par tant d'actions honnêtes, bienséantes, bienfaisantes, il répond ensuite « qu'il est un faiseur de chansons, » et que ces chansons mêmes, « folles inspirations de la jeunesse et de ses retours, ne sont pas précisément des-

tinées aux pensionnats de demoiselles. »
Quant à *l'impiété* :

Je réponds, dit-il, ce que j'ai répété cent
fois : lorsque, de nos jours, la religion se fait
instrument politique, elle s'expose à voir méconnaître son caractère sacré ; les plus tolérants
deviennent intolérants pour elle ; les croyants,
qui croient autre chose que ce qu'elle enseigne,
vont quelquefois, par représailles, l'attaquer
jusque dans son sanctuaire. Moi qui suis de
ces croyants, je n'ai jamais été jusque-là ; je
me suis contenté de faire rire de la livrée du
catholicisme. Est-ce de l'impiété (1)?

Les dévots n'ont répondu à cette humble
question que par des violences. De son
temps, Horace, plus hardi que Béranger,
s'était vanté d'être assez négligent envers
les dieux :

  Parcus deorum cultor...

(1) « Je relis les *Actes des apôtres*, les *Épîtres de
saint Paul* et les évangélistes. Mon cher ami, comme
tous ces gens-là écrivaient! combien ils savaient dire
de choses en peu de mots, et que d'éloquence dans
leur simplicité! »

Et les fanatiques de son temps n'avaient
rien dit !

A propos de cet *impie* et de ce *sans
mœurs*, nous pouvons raconter de la façon
la plus exacte et la plus entière la visite
mémorable que fit, un jour, à Béranger,
Mgr l'archevêque de Paris, M. Sibour, le
même prélat qui devait tomber si miséra-
blement sous le couteau d'un prêtre hi-
deux. Donc Mgr l'archevêque de Paris
avait donné la confirmation aux jeunes enfants de Passy, où Béranger habitait en ce
temps-là, et il revenait à Paris même, ac-
compagné du sage et bienveillant abbé
Jousselin, curé de Passy, lorsqu'en passant dans la rue Vineuse, où logeait Béranger (humble maison si peu semblable
au logis de la médiocrité dorée !), il vint
en pensée à monseigneur qu'il serait le
bienvenu sous le toit du poëte. Il frappe...
Eh ! la porte était ouverte ! Il s'annonce,
il est le bienvenu. Béranger lui-même ac-
court au-devant du *pontife*, la bonté même
et la bienfaisance en personne (un mot de
Massillon, en parlant du digne et bienfai-

sant archevêque de Paris)! Il l'introduit dans ce qu'il appelait *son salon*, il le fait asseoir dans son propre fauteuil (1); lui-même il prend une chaise, et voilà cet *impie*, et voilà ce prince de l'Église qui causent avec la confiance et la bonne humeur de deux amis qui se sont vus toute leur vie. Un homme assistait à cette entrevue (2), il nous en a dit tous les détails.

« J'ai lu vos chansons, disait monseigneur.

— Ah! monseigneur, disait le poëte, je suis perdu ; mais vous ne les avez pas lues... toutes ?

— Il en faudrait retrancher quelques-unes.

— Beaucoup, beaucoup, monseigneur, et je suis bien de votre avis. »

Puis, comme le prélat regardait une image, attachée à la cheminée, à l'endroit même où se pose une glace, quand on a la glace :

« Aïe! aïe! monseigneur, reprenait Béranger, ne regardez pas de ce côté-là ; c'est le

(1) Dans ce fauteuil le poëte a rendu le dernier soupir ; assis dans ce fauteuil vénéré, j'ai la ferme espérance d'y mourir à mon tour. (J. J.)

(2) L'honorable M. Possoz, le maire de Passy.

portrait de M. de Lamennais. Il n'est pas beau, mais il était mon ami, et je le pleure. »

En ce moment, Béranger redevint sérieux à son tour.

« Lamennais, disait-il, je lui dis, un jour, ce qu'il était... C'était un corsaire! Il fallait absolument qu'il se défendît, ou qu'il attaquât. Or, en ce temps-là, Rome était triomphante; attaquée..., il l'eût défendue avec toute son éloquence et tout son courage, hélas!... Mais, encore une fois, monseigneur, ne regardez pas de ce côté-là. »

Cependant, avant de quitter cette humble maison, le digne archevêque présenta à Béranger ce même abbé Jousselin qui devait, dix ans plus tard, l'assister à son lit de mort.

« Béranger, reprit monseigneur, avant de nous quitter, permettez-moi de vous présenter M. le curé de Passy; c'est un bon prêtre, à qui je reproche un peu de négligence... »

Et, comme on se récriait sur l'allégation de monseigneur :

« Oui! oui! reprenait M. Sibour, il a négligé de visiter son illustre paroissien.

« — Non, monseigneur, reprit Béranger, ce n'est pas M. le curé qui est négligent, c'est moi-même qui devais prévenir mon pasteur, et qui lui rendrai, demain, la visite dont vous m'honorez aujourd'hui. »

En même temps il le reconduisait jusque dans la rue; ils se donnèrent la main, et Béranger disait à l'archevêque : « Au reste, monseigneur, soyez tranquille sur mon compte, je mourrai comme un galant homme et comme un chrétien. »

Voilà l'impie! Et voilà cette bête de Gévaudan comme on la voit dans les complaintes de ces mêmes poëtes qui maudissaient le poëte illustre. Il se vantait, dans ses moments de bonne humeur, des avances et des amitiés que lui faisaient les évêques et leurs grands vicaires. « Hier, 5 janvier (1839), j'ai reçu la visite de trois grands vicaires de l'archevêché de Tours!... L'abbé Liautaud avait fait plus que cela à Fontainebleau. Le clergé eut toujours un certain faible pour moi! »

Quant aux chansons de Béranger qui ne

sont pas des chansons *impies* et même des
chansons *licencieuses*, « celles-là, disait Bé-.
ranger, sont mes filles chéries. — Mes filles
chéries, disait-il encore, que ne vous dois-
je pas ? » Elles étaient, en effet, les filles
immortelles de ces toutes-puissances aux-
quelles le genre humain n'a jamais résisté :
la jeunesse et l'amour, la poésie et la liberté, la justice et le bonheur. Ses filles
chéries ! il leur devait son nom, sa gloire
et l'immortalité.

En même temps, il explique aussi, avec
une modestie égale au succès même de
son œuvre, qu'il a réussi au delà de ses
désirs, et même il ajoute, avec une con-
viction qui était en lui : « que la postérité
ne ratifierait pas tant d'honneurs. » Il disait
cela sans reproche et sans fausse modestie... « Je suis complétement innocent
des éloges exagérés qui m'ont été prodi-
gués... Loin d'ajouter le bruit au bruit,
j'ai évité les ovations qui l'augmentent...
je me suis tenu hors des colères qui le pro-
pagent... et enfin j'ai fermé ma porte aux
commis voyageurs de la renommée... » Il

savait que la renommée a ses caprices :
« Elle veut être cherchée, et non courue, »
a dit Montaigne. Eh bien, cette renommée
à laquelle il n'eût pas fait le plus léger sacrifice, si, par hasard, ses amis ne la
cherchaient pas, Béranger était tout prêt à
se fâcher pour leur propre compte.

M. Daunou, écrivait Béranger au savant
M. Taillandier (l'auteur de ces pages si belles
sur M. Daunou), a été la victime de son extrême modestie, chez nous, peuple oublieux,
habitué à ne tenir aucun compte que des gens
à tréteaux et à trompettes. Sa mémoire en a
beaucoup souffert, et votre livre, monsieur,
vient bien à propos assigner une place élevée à
cet homme qui ne se contenta pas de penser et
d'écrire, mais qui sut agir comme il avait écrit
et pensé, et dont les nombreux travaux ont toujours tendu à donner pour règle aux lettres le
goût et le bon sens, et pour base aux lois la
justice et la liberté.

Voilà comme il savait juger, souvent de
très-haut, les hommes et leurs œuvres. Si
j'avais l'espace et le temps, que d'exemples

nous trouverions dans ses lettres de cette justice accorte, ingénieuse, et qui dit d'un seul mot tant de choses : « Pierre Leroux, un homme enfoncé dans ses idées; il a bon nombre de fidèles, et déjà les chaises sont louées en attendant qu'on bâtisse l'église ! » Mlle Rachel : « Elle n'est pas encore si grande actrice que Talma fut grand acteur, mais elle dit mieux que lui, qui pourtant disait si bien. Elle a le bon sens, l'expression précise et juste. » Il disait d'Hégésippe Moreau : « C'est un sauvage que je n'ai jamais pu apprivoiser, moi qui en ai tant apprivoisé. Un de mes amis, M. Lebrun, a tout fait pour lui être utile, et avec une délicatesse extrême : il n'a pu réussir. Donc , ce n'est pas, cette fois, la société qu'il faut accuser, mais un malheur d'organisation tout exceptionnel. »

Quant à lui, on peut l'en croire, en dépit des gens qui s'écriaient : *Béranger est un poëte lyrique ! Il fait des odes et non pas des chansons*, lorsqu'il affirme, à tant de reprises, qu'il est un *chansonnier*, qu'il n'a jamais poussé ses prétentions plus haut que le titre de chansonnier ! « Appelez-moi un *chansonnier*, c'est mon titre ! » — « Appelez-moi un joueur de flûte, c'est le titre qui me plaît ! » s'écrie un des héros de l'*Iliade*. Béranger ne veut que celui-là, c'est celui-là seul qu'il accepte ; et ceux qui lui disaient : « Vous faites des *odes*, » il en était chagriné tout autant qu'une belle personne, un peu plus que rousse, à qui les niais vont disant : *Vous êtes blonde*. « Et si je n'ai pas couru, dit-il encore, après les dignités littéraires les plus enviées et *les plus poursuivies*, eh bien, c'est justement parce que je voulais rester fidèle à mon titre de chansonnier. »

« Ma gaieté ! disait-il souvent avec autant d'orgueil qu'un Montmorency disant : « Ma maison ! » ma gaieté calme et soutenue était ma douce compagne ; et si parfois elle me quittait dans le monde, je la retrouvais à ma porte ou chez mes amis, qu'elle consola si souvent. » S'il raconte à son ami Quenescourt une de ses journées heureuses, il a grand soin de lui dire que tout ce bonheur il l'avait en lui-même, et qu'il est sorti de cette fête « la tête échauffée non de vin, mais de plaisir ! Nous avons fort peu bu ; ce n'est pas à notre pauvreté qu'il faut s'en prendre, mais à notre tempérance. »

A sa gaieté naturelle il faut ajouter la jeunesse et les faciles plaisirs. Eh ! la jeunesse ! il la regrettait pour son charme, il l'honorait pour ses bienfaits, pour ses inspirations :

Si je ne chante plus, c'est qu'on ne chante pas à tout âge, et que toutes les époques ne prêtent pas à la chanson !...

Avec l'âge la malice cesse d'être de saison, bien qu'on dise souvent chez nous : un malin vieillard. Les malins vieillards ne sont guère propres qu'à faire des Bartholos qui, tout fins qu'ils sont, finissent toujours par être traités comme des Cassandres. Je veux éviter ce petit malheur arrivé à plus d'un homme célèbre de notre temps.

Passy, 19 novembre 1833.

Voilà l'homme! Et comme on s'étonne, en le retrouvant si fidèle à sa modestie, à sa bonne humeur, que tant de gens aient eu *le courage de le damner!*

FIN DU PREMIER VOLUME.

2916.— Paris, impr. JOUAUST, rue Saint-Honoré, 338.

www.ingramcontent.com/pod-product-compliance
Lightning Source LLC
Chambersburg PA
CBHW072039090426
42733CB00032B/2017